지은이 황명석

대학과 대학원에서 순수미술을 전공하였으며,
미술학원 강사, 개인전 및 전시회 다수 하였습니다.
현재는 출판 및 프리랜서 일러스트레이터로 활동하고 있습니다.
그린 책으로는 〈집에서 하는 재밌는 두뇌놀이〉, 〈초등 바른
글씨 연습장〉, 〈예쁘고 바른 한글쓰기〉, 〈그림으로 배우는
알파벳 쓰기〉 등이 있습니다.

아이들이 좋아하는 그림 그리기

초판 1쇄 인쇄   2022년 7월 23일
초판 1쇄 발행   2022년 7월 30일

펴낸곳   좋은친구 출판사
펴낸이   조병욱
지은이   황명석
인쇄 제본   성광인쇄(주)
등록번호   제 2016-9호
주소   서울특별시 도봉구 시루봉로 192-6
전화   070-8182-1779
팩스   02-6937-1195
E-mail   friendbooks@naver.com

ISBN 979-11-88483-37-2   73650

값 11,500원

◉ 이 책은 저작권법에 의하여 보호받는 저작물이므로 무단 복제, 복사 및 전송을 할 수 없습니다.
◉ 잘못 만들어진 책은 구입처에서 교환해 드립니다.

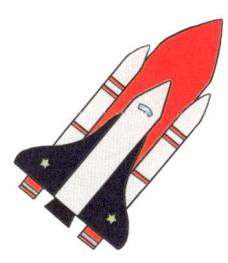

쉽고 재미있게!
자신감도 UP!

아이들이 좋아하는 그림 그리기

황명석 지음

좋은친구

머리말

부모님이 먼저 읽어 보세요.

❀ 아이에게 칭찬을 하세요.
어린아이의 예술적 재능은 부모의 칭찬과 관심 속에서 자라납니다. 아이들은 칭찬을 통해 존재를 확인받기를 원하며, 칭찬을 받을수록 더욱 자신을 갖게 됩니다. 이런 아이들이 어떠한 일을 해냈을 때, 아이가 행한 노력과 그 과정에 대해 과도하지 않게 올바른 칭찬을 하게 된다면 아이에게 긍정적인 심리를 심어줄 수 있으며, 자존감과 행복감을 높여줄 수 있습니다.

❀ 어른의 시선으로 아이의 그림을 평가하지 마세요.
어른들의 가르침이 오히려 아이의 표현을 해치는 결과로 나타날 수 있습니다. 아이들만의 순수한 표현으로 구상된 그림을 정형화된 어른의 시각으로 보고 정형화된 표현으로써 아이의 무한한 상상력을 방해한다면 우리 아이만이 가진 창의성을 억압하게 될 수 있습니다. 어른만의 고정관념에서 벗어나 아이의 그림을 이해하기 위해 노력해야 하며, 있는 그대로의 아이의 시선과 언어로 표현된 그림을 받아들이도록 해야 합니다.

❀ 재미가 있어야 아이의 소질도 향상됩니다.
아이들의 그림 그리는 소질은 타고나야 되는 것만은 아닙니다. 재미를 갖고 열심히 반복해 그리다 보면 실력이 점차 향상되고, 경험이 쌓이다 보면 뛰어난 소질을 갖게 됩니다. 그림 그리기 활동에 재미와 흥미를 심어주기 위해서는 아이가 자신감을 잃지 않도록 해야 합니다. 기초부터 차근차근, 쉽고 재미있게 따라 그리는 훈련을 통해 아이가 그림 그리기가 어려운 활동이라고 생각하지 않도록 도와줍니다.

❀ 아이의 집중력이 지속되는 시간은 10분 정도입니다.
완벽한 그림이 완성돼야 한다는 생각으로 인하여 그림에 싫증을 느끼게 됩니다. 작은 그림을 자주 그려 보게 하는 것이 소질과 흥미를 길러주는 좋은 방법입니다. 작고 비교적 쉬운 그림을 그려 보고 부모님께 칭찬 받는 활동이 반복적으로 이루어지다 보면, 아이는 어느새 스스로 더 크고 복잡한 그림을 그리며 한 걸음 더 나아가게 될 것입니다.

❀ 이 책의 그림과 똑같은 그림을 그리기 위해 애쓸 필요는 없습니다.
이 책의 그림들은 단순한 그림이지만 좌우의 대칭이나 비례를 맞추어 그리기는 어렵습니다. 그림의 전체적인 느낌이 그럴 듯하게 나타날 수 있도록 지도해 주세요. 아이가 예시의 그림과 똑같이 그릴 수 없다고 하여 실망하거나 스스로 만족하지 못하고 흥미를 잃어버릴 수 있습니다. 꾸준히 그려보다 보면 실력이 향상되거나 각자의 개성을 찾을 수 있을 것이니, 아이를 꾸준히 독려하고 응원해주세요.

❀ 부모님의 역할이 중요합니다.
어린이는 미술교육을 통해 문제를 해결하는 능력을 기르게 됩니다. 또 결과에 따른 성취감을 느끼게 되며 무언가를 표현하는 일에 몰두하면서 집중력이 키워집니다. 또한 어떠한 사물이나 풍경을 직접 보고 그리는 데서 직관적인 사고를 기를 수 있고, 추상적인 느낌이나 감정을 떠올리거나 상상하여 그림으로써 창의력과 상상력을 기를 수 있습니다. 이처럼 아동 사고 발달에 큰 도움을 주는 그림 그리기 활동을 아이가 진행할 수 있게 가장 가까이 있는 부모님의 애정 어린 관심과 독려가 필요합니다.

아이와 함께 즐거운 시간 보내세요   - 지은이

차례

머리말 4

Part 1 다양한 동물들

강아지와 고양이 12, 13	코알라와 캥거루 23
토끼와 거북이 14	다람쥐와 고슴도치 24
닭과 병아리 15	하마와 악어 25
양과 염소 16	오리와 개구리 26
사자와 생쥐 17	상어와 고래 27
호랑이와 사슴 18	펭귄과 물개 28
곰과 여우 19	문어와 오징어 29
말과 기린 20	꽃게와 새우 30
돼지와 소 21	열대어와 복어, 31
코끼리와 원숭이 22	뱀장어와 메기

Part 2 싱싱한 과일과 채소

앵두와 딸기, 사과　　34	코코넛과 고추, 가지　　40
버섯과 당근, 바나나　　35	레몬과 파인애플,　　41
복숭아와 포도,　　36	옥수수, 배
자두, 참외	브로콜리와 감자,　　42
토마토와 오이, 오렌지　37	고구마
수박과 양파, 호박　　38	마늘과 석류,　　43
파와 키위,　　39	시금치, 아보카도
배추와 파프리카	

Part 3 멋진 탈것들

자동차와 버스　　46	자전거와 오토바이　　50
택시와 트럭　　47	킥보드와 기차　　51
소방차와 구급차　　48	여객선과 잠수함　　52
불도저와 레미콘　　49	비행기와 헬리콥터　　53

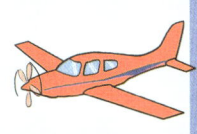

우주선과 로켓　　　54	경찰차와 사다리차,　57
탱크와 거북선　　　55	굴삭기
배와 튜브, 열기구　　56	

Part 4 여러 가지 사물들

모자와 신발　　　　60	가위와 연필,　　　67
바지와 양말　　　　61	저금통, 책
숟가락과 포크,　　　62	냄비와 후라이팬,　　68
나이프와 주전자	기타와 피리
책상과 의자　　　　63	바이올린과 북,　　　69
식탁과 책꽂이,　　　64	탬버린, 트럼펫
핸드폰	소화기와 종,　　　　70
시계와 드라이기, 거울 65	스텐드와 전구
치약과 칫솔,　　　　66	우산과 주사위,　　　71
컵과 샴푸	축구공, 선물상자

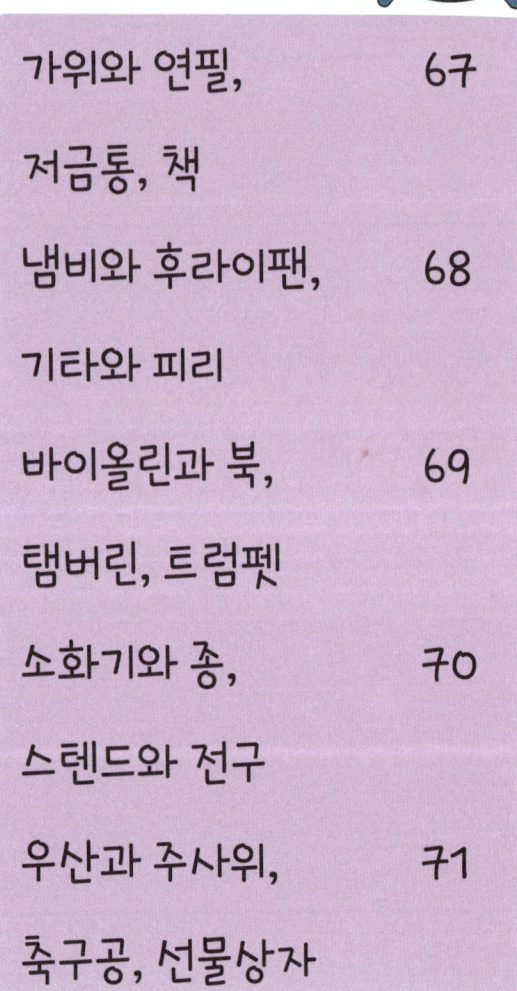

Part 5 자연과 곤충

해와 달	74
별과 무지개, 다양한 구름들	75
나비와 꿀벌	76
개미와 거미	77
무당벌레와 잠자리	78
사마귀와 모기	79

메뚜기와 매미	80
애벌레와 달팽이	81
장수풍뎅이와 사슴벌레	82
장미와 튤립	83
개나리와 진달래	84
무궁화와 해바라기	85

Part 6 맛있는 간식과 음식들

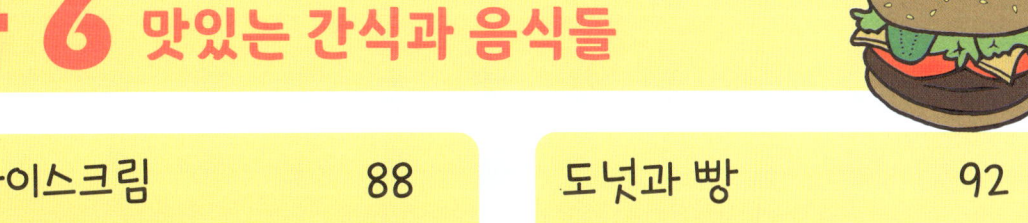

아이스크림	88
쿠키와 젤리, 막대사탕	89
케이크	90
김밥과 초밥, 햄버거	91

도넛과 빵	92
샌드위치와 피자	93
치킨과 핫도그	94
라면과 우유, 탄산음료	95

Part 1

다양한 동물들

강아지와 고양이

난이도 : 중

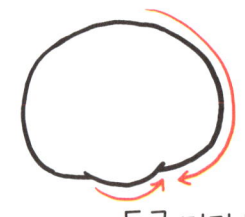
둥근 머리 모양

뾰족한 귀

눈, 코, 입

엉덩이

꼬리

털로 덮힌 둥근 얼굴

양쪽 귀

눈, 코, 입

강아지와 고양이를 그릴 때 앞다리를 먼저 그리고 뒷다리를 그려요.

뒷다리

12

둥근 머리 모양

눈, 코, 입

앞다리

꼬리

둥근 머리 모양

눈, 코, 입

앞다리와 뒷다리

꼬리

입모양 잘 보세요

앉은 자세

고양이 발바닥

색칠한 고양이들

토끼와 거북이

난이도 : 하

커다란 귀에 둥근 얼굴

눈, 코, 입

작은 몸통

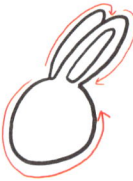  
긴 몸통

몸통과 머리
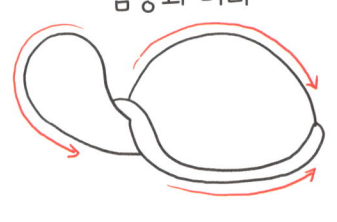 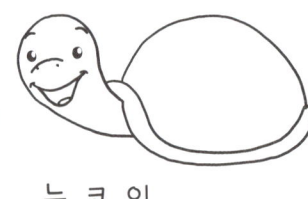
눈, 코, 입

네 개의 다리

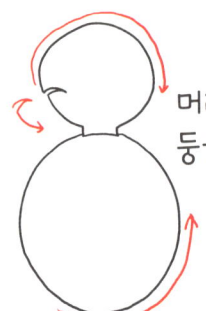
머리도 몸통도 둥글 둥글~

뾰족한 발톱

닭과 병아리

난이도 : 하

머리에 부리
몸통 뒷부분 주의

볏을 크게

날개

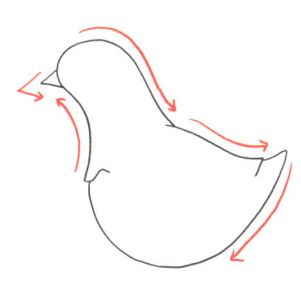

닭볏

다리

뾰족한 부리

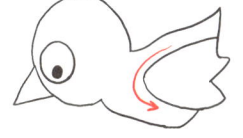
작은 날개

머리, 몸통, 날개

부리

보통 수탉의 볏은 크고 암탉의 볏은 작다고 해요.

15

양과 염소

난이도 : 중

둥그런 구름 모양의 머리

눈, 코, 입, 몸통, 꼬리

쭉 뻗은 다리

솜털같은 전체 모양

눈, 코, 입, 귀

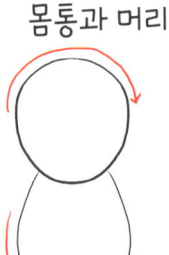
몸통과 머리

뾰족한 뿔

네 개의 다리

꼬리

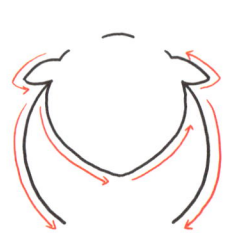

둥근 뿔

앞발과 수염

사자와 생쥐

난이도 : 하

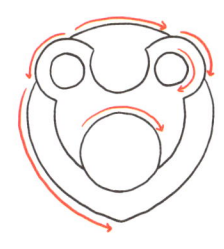

눈, 코, 입

둥글 둥글 갈기

앞다리

큰 귀

큰 코

발

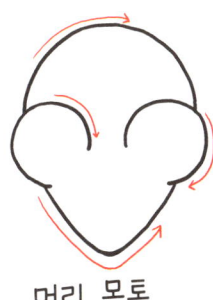

머리, 몸통

수염

생쥐는 귀를 크게 그릴 수록 귀여워 보여요.

 # 호랑이와 사슴  난이도 : 상

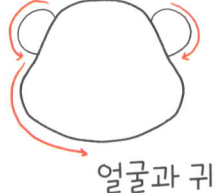   
얼굴과 귀   눈, 코, 입   앞다리와 꼬리   무늬

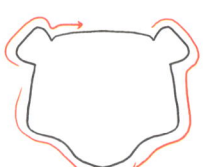    
      뒷다리도 함께 그려요   꼬리

유연한 곡선의 얼굴과 귀   큰 눈이 포인트   긴 다리

동그란 얼굴   뿔

곰과 여우

난이도 : 중
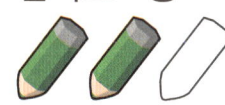

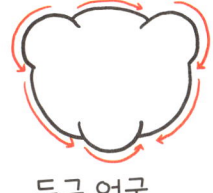
둥근 얼굴

귀여운 눈망울

팔, 다리를 굵게

곰발바닥이 포인트

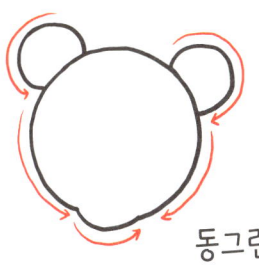
동그란 귀와 얼굴

작은 꼬리

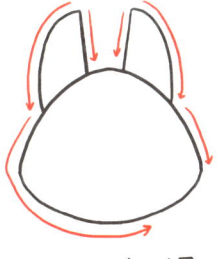
세모난 얼굴

뾰족한 귀가 포인트

작은 몸통

큰 꼬리

넓은 세모 모양

세모난 귀

말과 기린

난이도 : 중

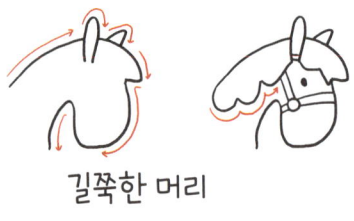
길쭉한 머리

긴 다리

풍성한 꼬리

긴 몸통

삼각형 머리

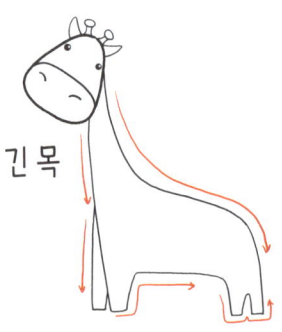
긴 목

작은 꼬리

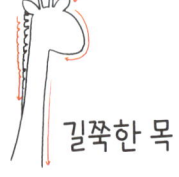
길쭉한 목

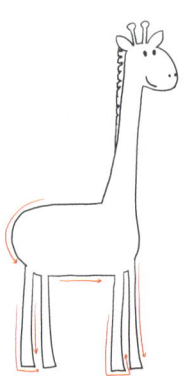

길쭉한 다리

돼지와 소

난이도 : 하

세모난 귀
코가 포인트
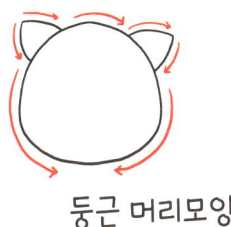
둥근 머리모양

짧은 다리

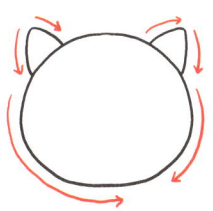
큰 눈망울

짧은 팔, 다리

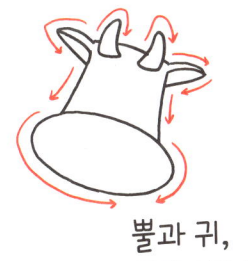
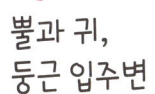
뿔과 귀,
둥근 입주변

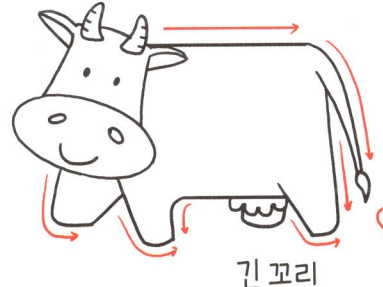
긴 꼬리

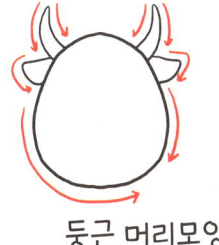
둥근 머리모양
뿔

21

코끼리와 원숭이

난이도 : 하

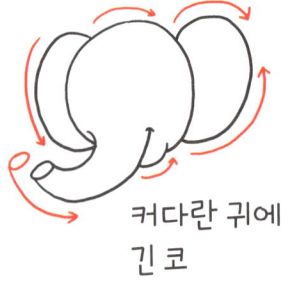
커다란 귀에 긴 코

눈, 코, 입

짧은 다리

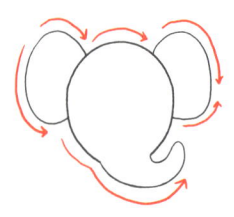

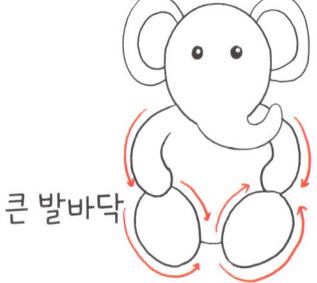
큰 발바닥

머리 형태에 주의

눈, 코

네 개의 다리

꼬리

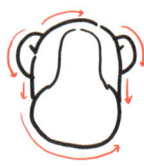

눈, 코, 입

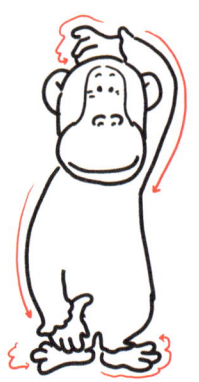

긴 팔

22

코알라와 캥거루

난이도 : 중

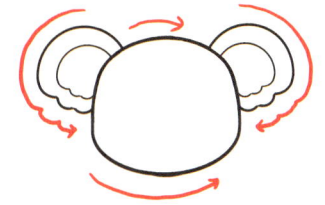
둥근 큰 귀, 둥근 얼굴

눈, 긴 코, 입

팔, 다리

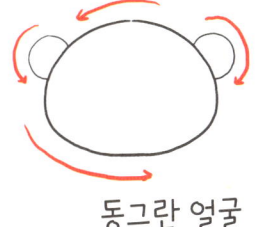
동그란 얼굴

귀, 코, 팔, 다리 모두 둥글둥글

뾰족한 귀

큰 몸통과 다리

길쭉한 꼬리

아기 캥거루가 포인트

다람쥐와 고슴도치

난이도 : 하

얼굴에 비해 귀는 작게   눈, 코, 입   큰 꼬리

둥근 몸통   아주 큰 꼬리

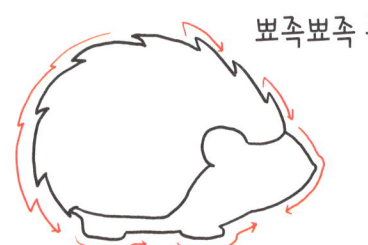  

뾰족뾰족 몸통   짧은 다리

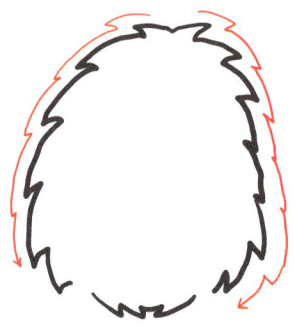  

눈, 코, 입

고슴도치는 눈을 작게 그릴수록 귀여워요.

하마와 악어

난이도 : 하

둥근 얼굴

둥근 눈

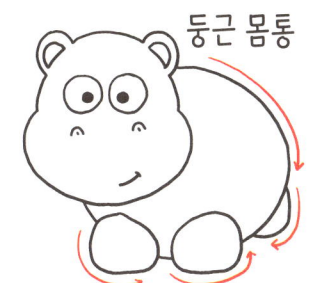
둥근 몸통

말린 꼬리

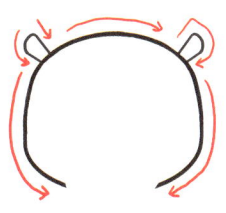

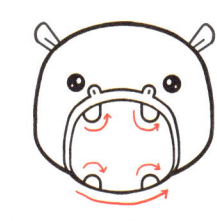
큰 입이 포인트

짧은 다리

꼬리

길쭉한 입

짧은 다리

뾰족뾰족 등부분

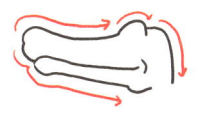
입과 머리부분

긴 꼬리

 # 오리와 개구리

 동그란 머리   귀여운 부리   날개   

  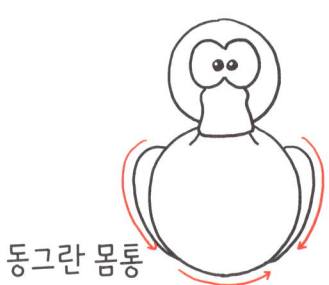 

동그란 몸통

큰 입이 포인트

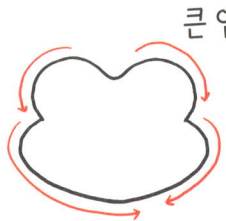   

네 개의 다리

발모양 주의

얼굴, 몸통을 하나로

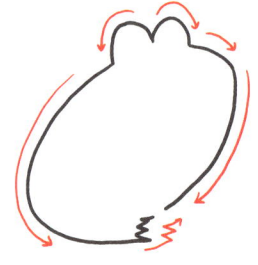   

고래와 상어

난이도 : 하

큰 몸통

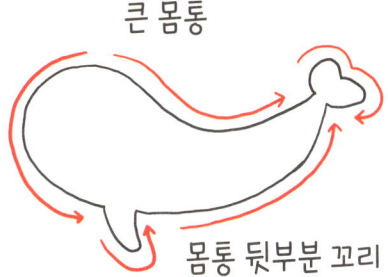

몸통 뒷부분 꼬리

몸에 비해 작은 눈

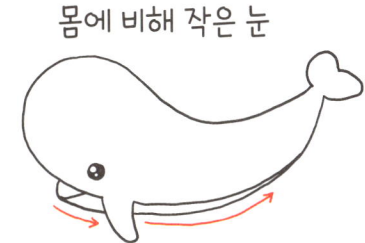

물 줄기

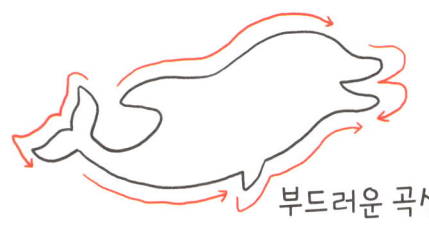

부드러운 곡선이 포인트

큰 입

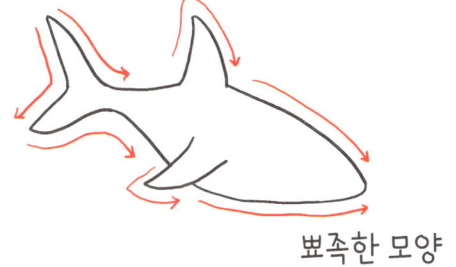

뾰족한 모양

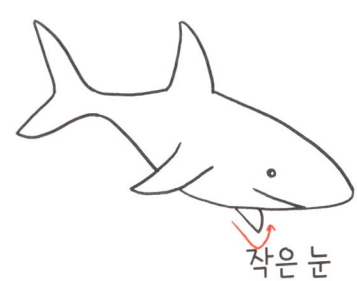

작은 눈

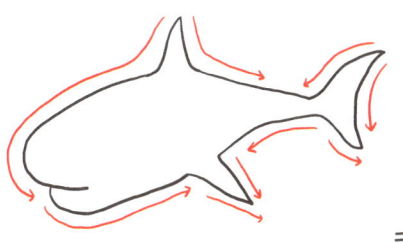

큰 입

날카로운 지느러미

 # 펭귄과 물개

난이도 : 하

 큰 입
 통통한 몸집
 큰 발

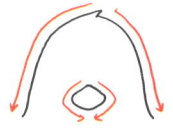

 통통한 몸통

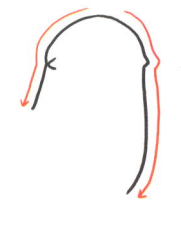 몸통과 머리
 눈, 코, 입

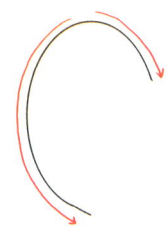
 둥근 몸통

 ## 문어와 오징어

난이도 : 상

동그란 머리

큰 눈

꼬불꼬불 다리

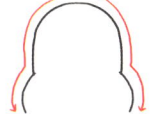

튀어나온 눈

8개의 다리

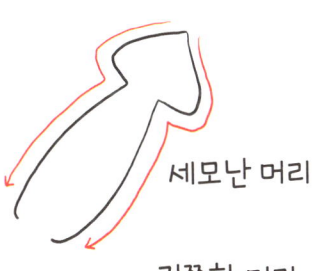
세모난 머리
길쭉한 머리

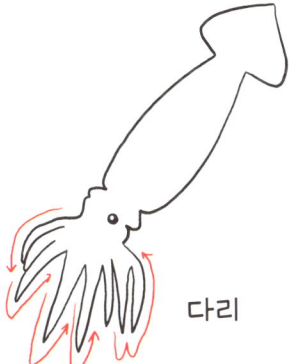
다리

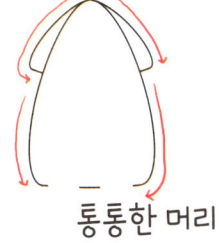
통통한 머리

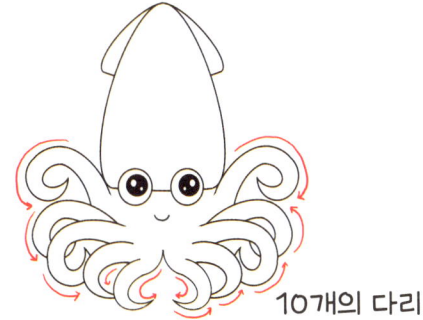
10개의 다리

 ## 꽃게와 새우

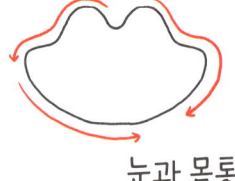  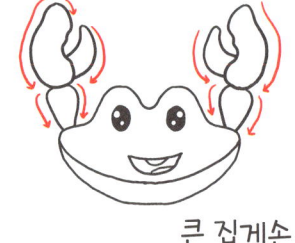 
눈과 몸통　　　　눈, 입　　　　　큰 집게손

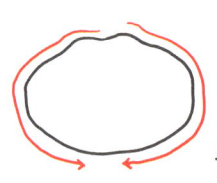  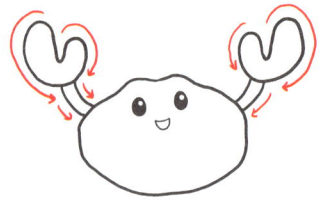 
둥근 몸통

긴 수염

  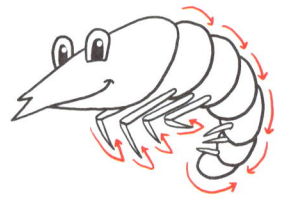  
머리　　　　눈, 입　　　　　　　　　　많은 다리

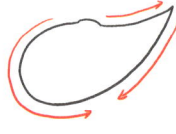  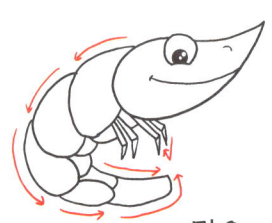 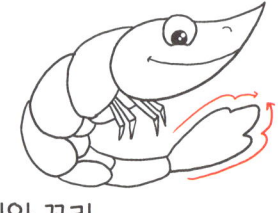 
많은 다리와 꼬리

30

열대어와 복어, 뱀장어, 메기

난이도 : 하

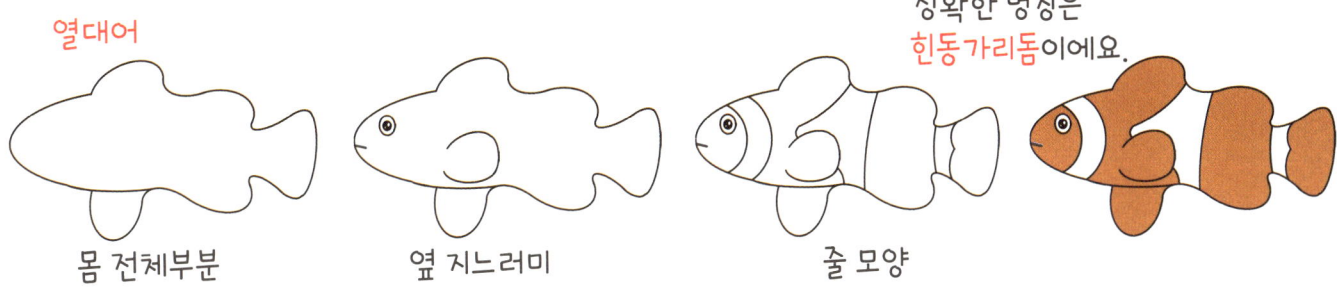

정확한 명칭은 힌동가리돔이에요.

열대어 — 몸 전체부분 / 옆 지느러미 / 줄 모양

복어 — 동그란 몸통 / 뾰족 가시

뱀장어 — 길쭉한 몸통

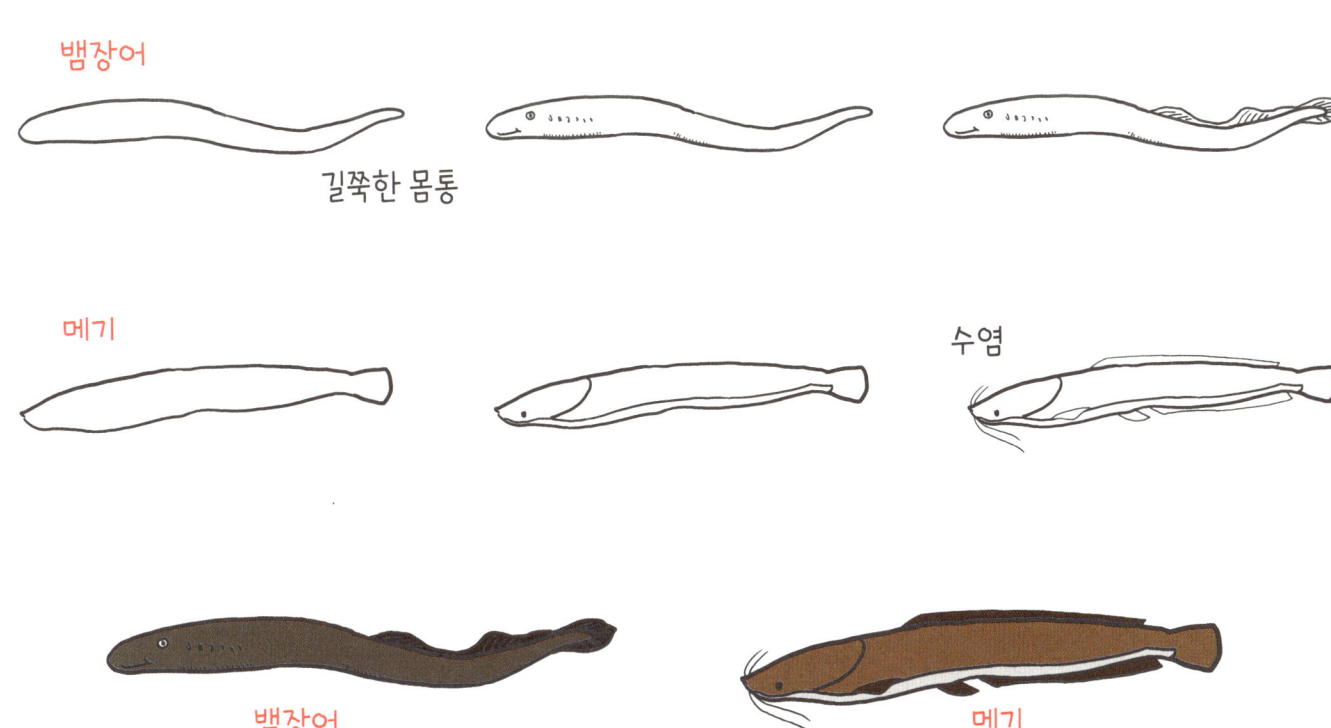

메기 — 수염

뱀장어 / 메기

Part 2

싱싱한 과일과 채소

 ## 앵두와 딸기, 사과

난이도 : 하

작은 동그라미 　　　　　줄기 　　　　　잎
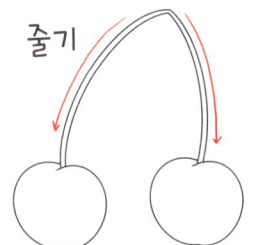 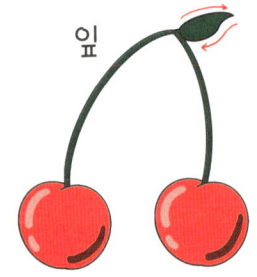

둥근 모양 　　　꼭지 　　　　　씨앗 모양
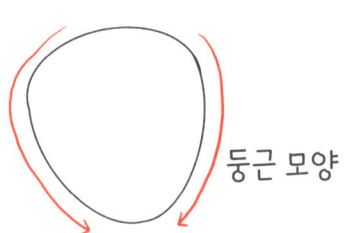   

둥근 모양 　　　꼭지 　　　　　잎사귀
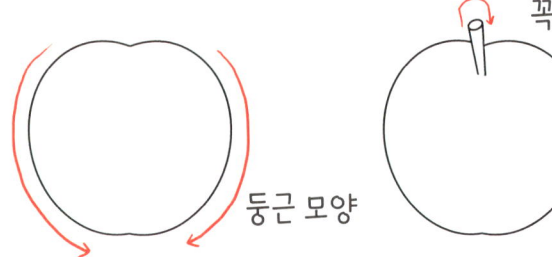  

　　　　　　　　　　　　　　　　　씨앗
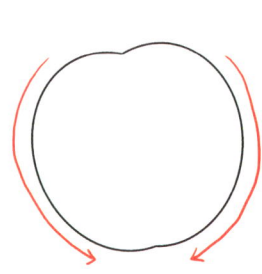   

버섯과 당근, 바나나

난이도 : 하

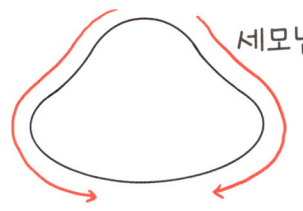 세모난 머리부분

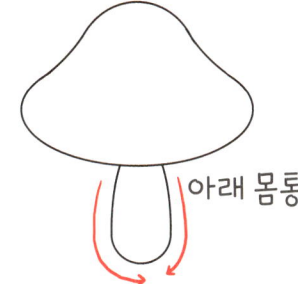 아래 몸통

모양

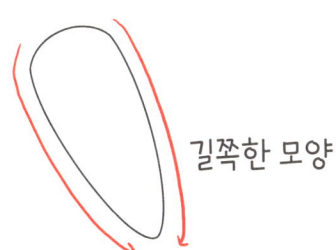 길쭉한 모양

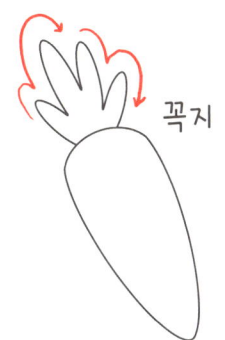 꼭지

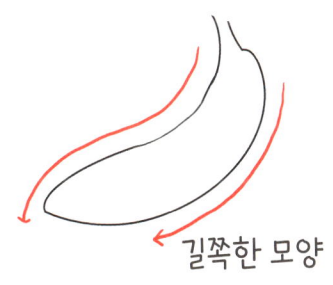 길쭉한 모양

두 개 추가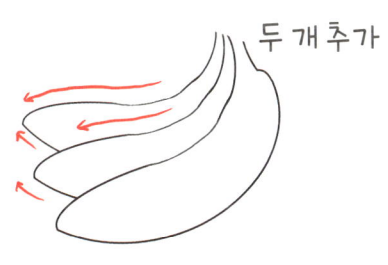

꼭지

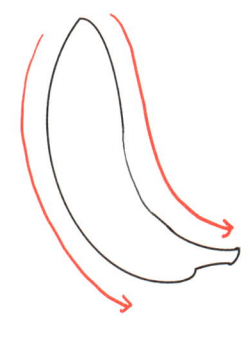

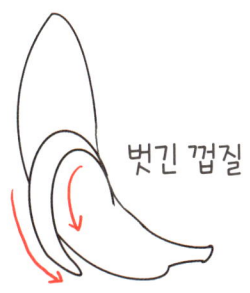 벗긴 껍질

35

 # 복숭아와 포도, 참외, 자두

난이도 : 하

복숭아
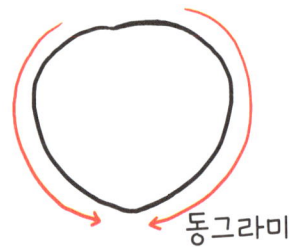 동그라미
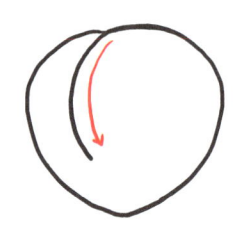
 꼭지
 잎사귀

포도
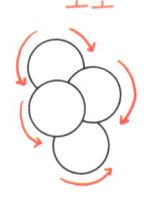
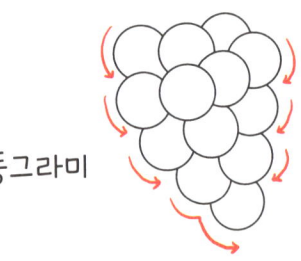 동그라미
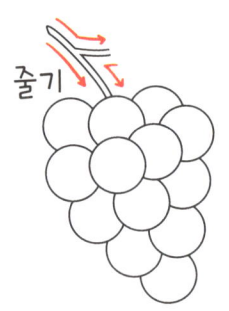 줄기
 잎사귀

참외
 꼭지를 중심으로
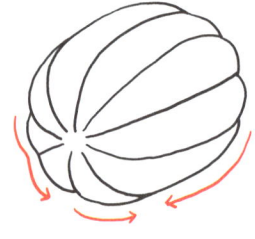

자두
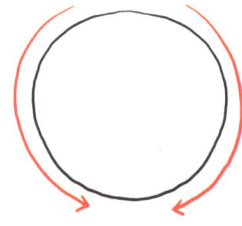
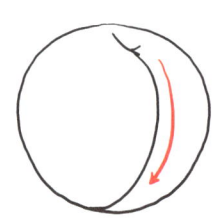
 꼭지

36

토마토와 오이, 오렌지

난이도 : 하

동그라미
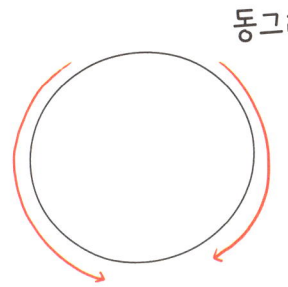

꼭지
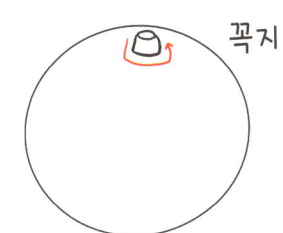

길쭉한 모양
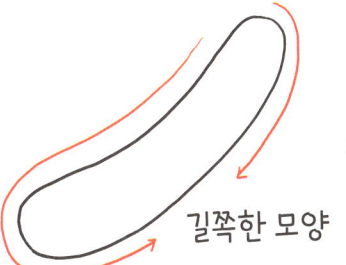

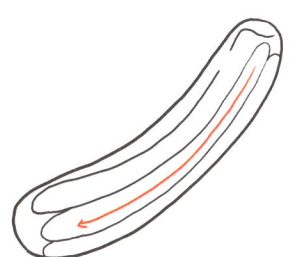

꼭지

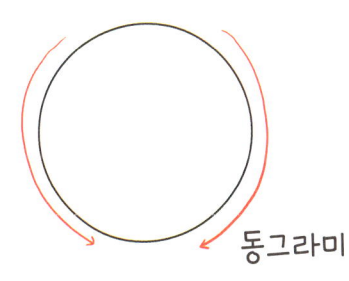

동그라미

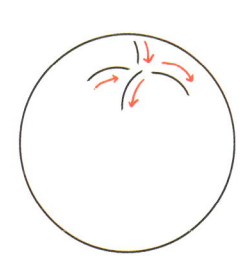

꼭지
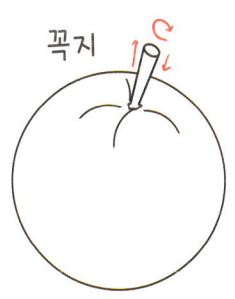

잎사귀

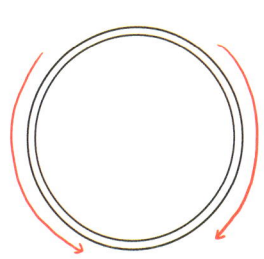

삼각 모양
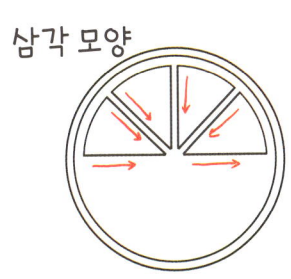

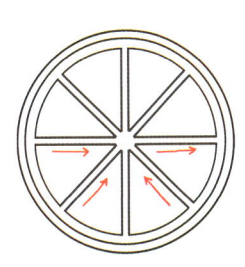

씨앗 알갱이

37

수박과 양파, 호박

난이도 : 하

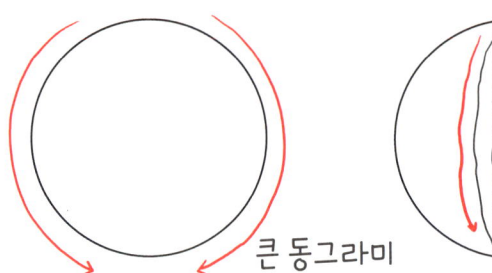 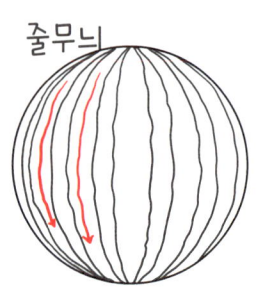 줄무늬  꼬불꼬불 꼭지

큰 동그라미

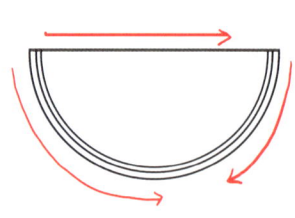 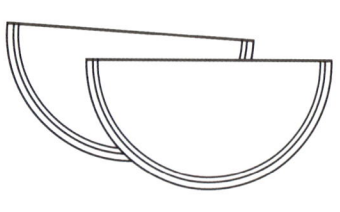 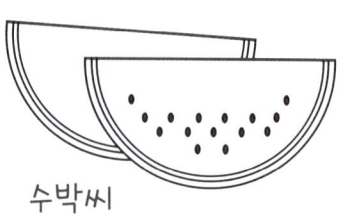 수박씨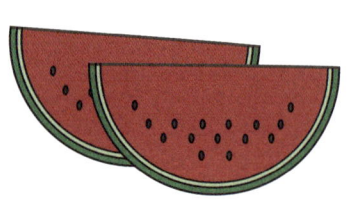

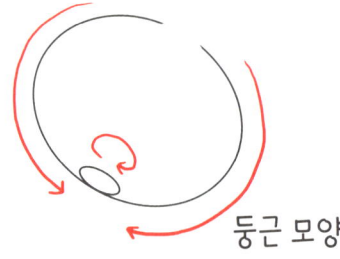 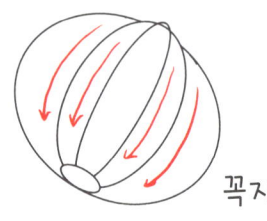 꼭지 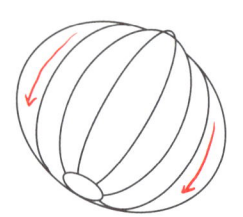  싹

둥근 모양

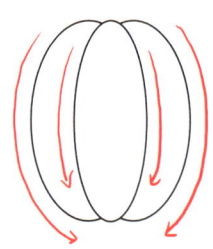 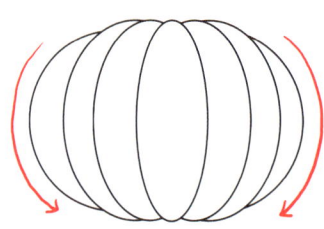  꼭지

38

# 파와 키위, 배추, 파프리카

난이도 : 하

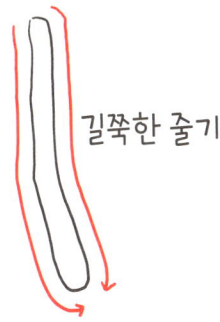 길쭉한 줄기
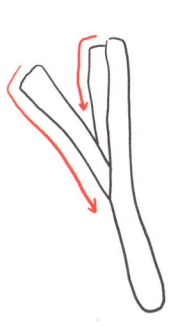
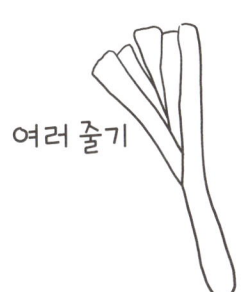 여러 줄기
 뿌리

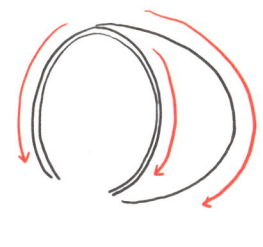
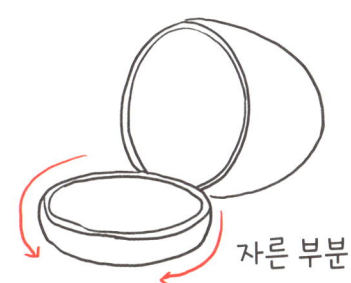 자른 부분

 씨앗

 풍성한 잎
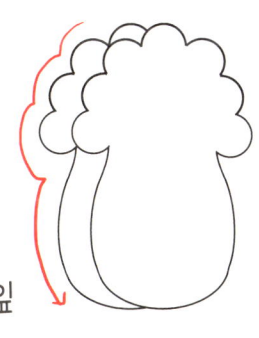
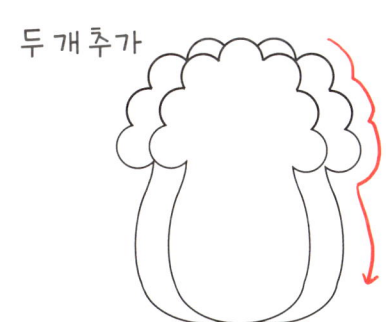 두 개 추가

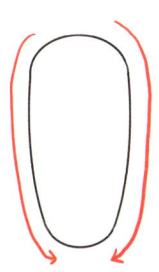
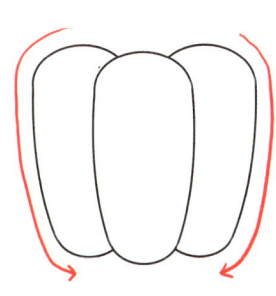
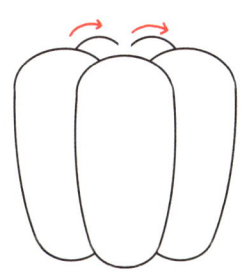
 꼭지

 # 코코넛과 고추, 가지

난이도 : 하

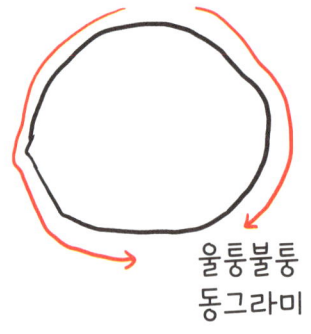
울퉁불퉁 동그라미

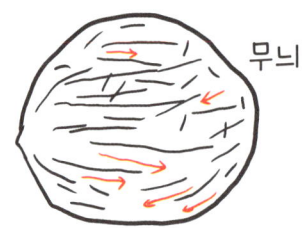
무늬

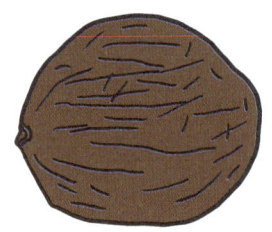

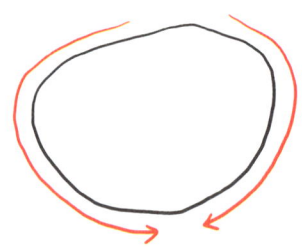

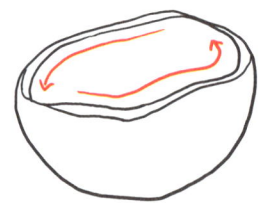

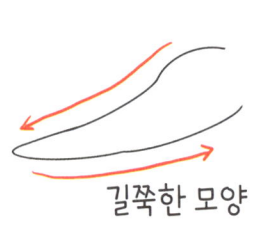
길쭉한 모양

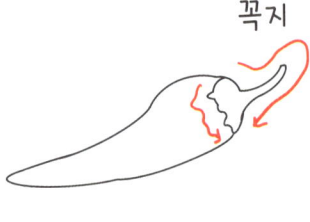
꼭지

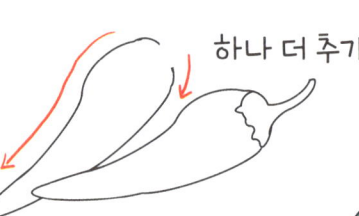
하나 더 추가

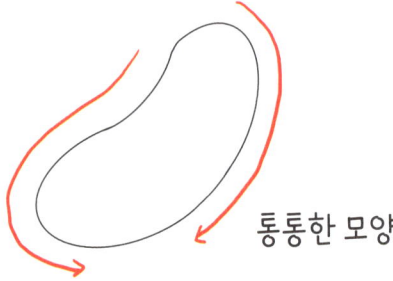
통통한 모양

꼭지

레몬과 파인애플, 옥수수, 배

난이도 : 하

레몬
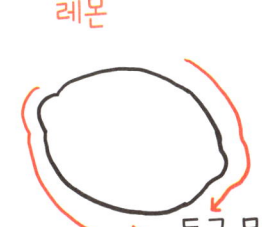 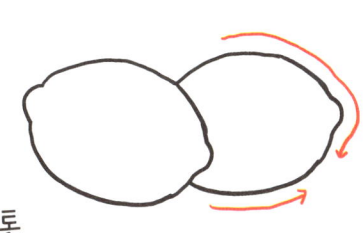 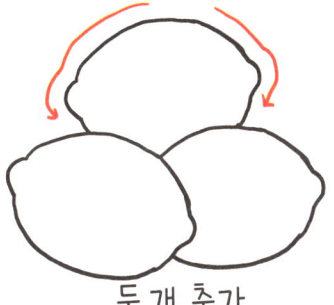 

둥근 몸통 / 두 개 추가

파인애플
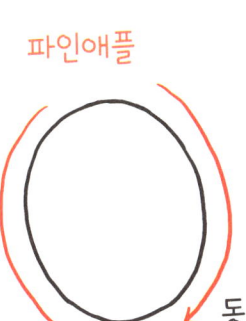 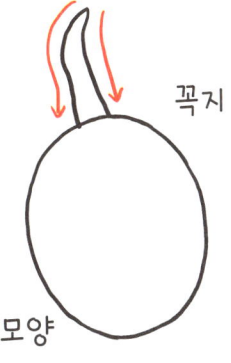  

동그라미 모양 / 꼭지 / 줄무늬

옥수수
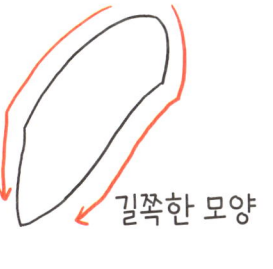 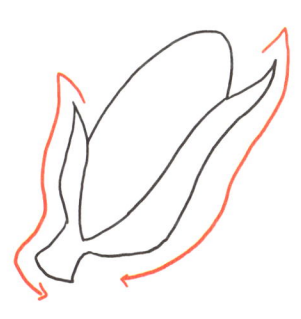 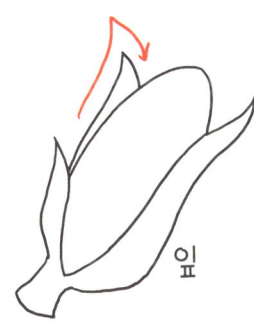 

길쭉한 모양 / 잎 / 옥수수알 무늬

배
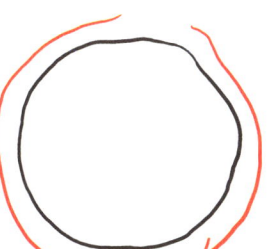 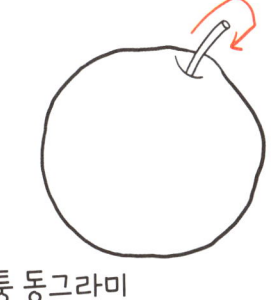 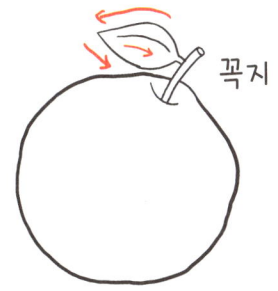 

울퉁불퉁 동그라미 / 꼭지

 # 브로콜리와 감자, 고구마

난이도 : 중

 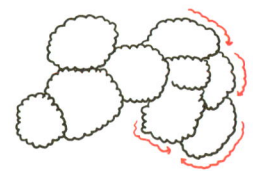 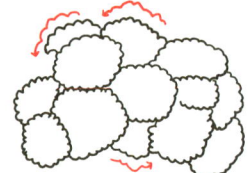 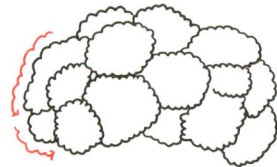

여러 개의 동그라미

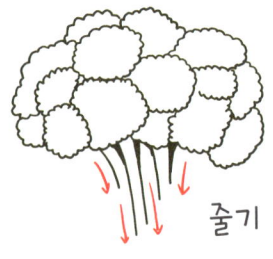 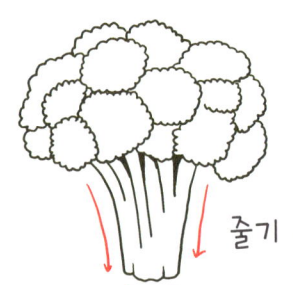  

줄기 　　　　줄기 추가

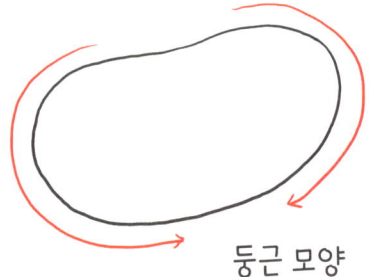 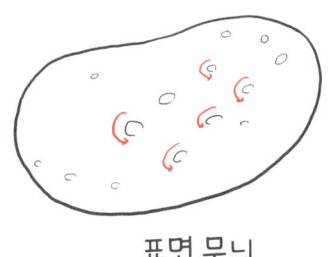 

둥근 모양 　　　　표면 무늬

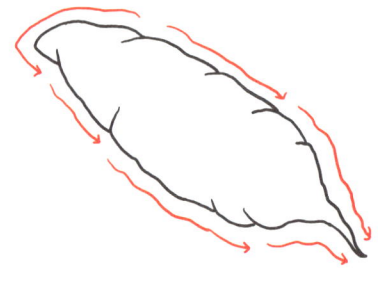 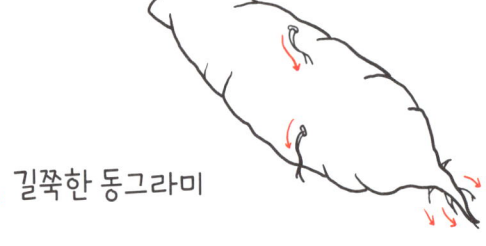 

길쭉한 동그라미 　　　　잔뿌리

난이도 : 중

마늘과 석류, 시금치, 아보카도

마늘

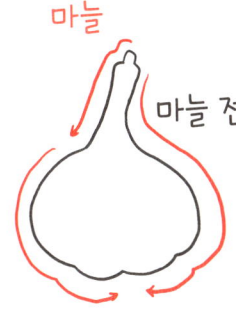
마늘 전체모양

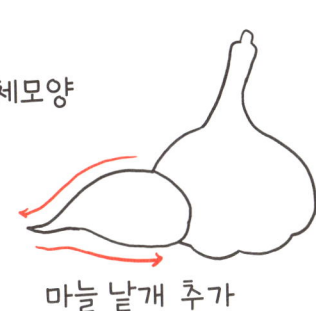
마늘 낱개 추가

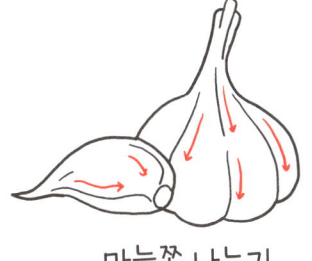
마늘쪽 나누기

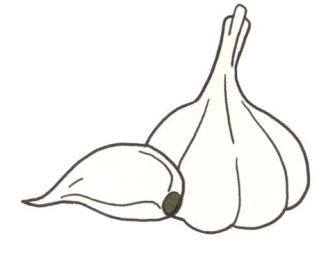

석류

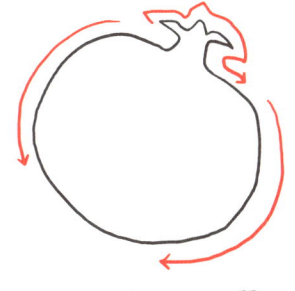
동그라미, 꼭지 주의

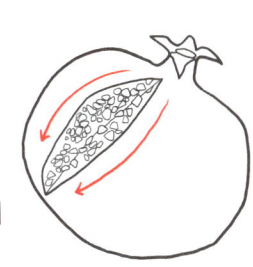
석류씨

시금치

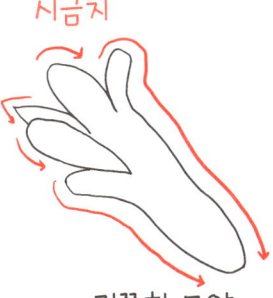
길쭉한 모양

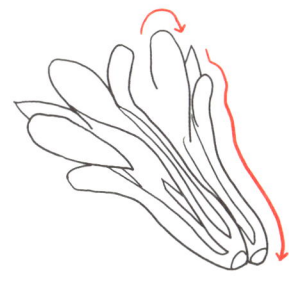

잎 하나씩 추가

꼭지

아보카도

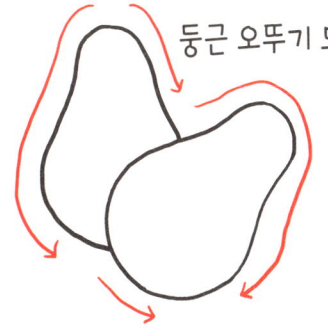
둥근 오뚜기 모양

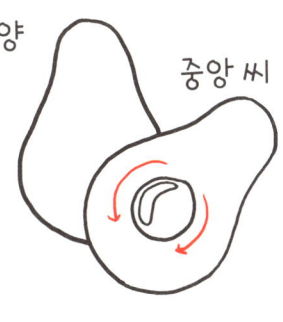
중앙 씨

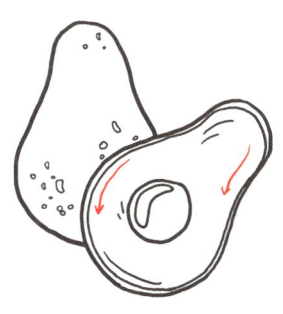

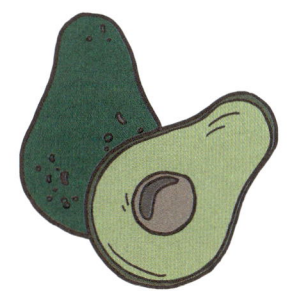

43

Part 3

멋진 탈것들

 ## 자동차와 버스

난이도 : 하

자동차 모양

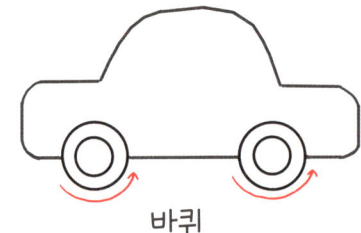
바퀴

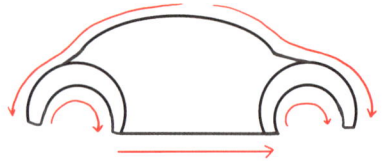

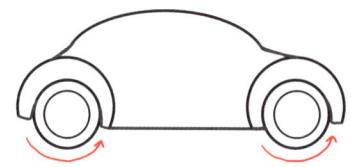

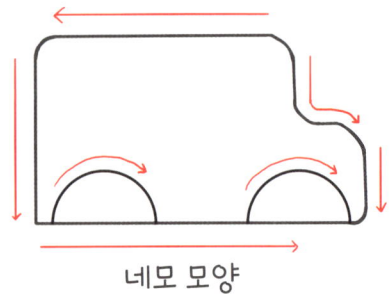
네모 모양

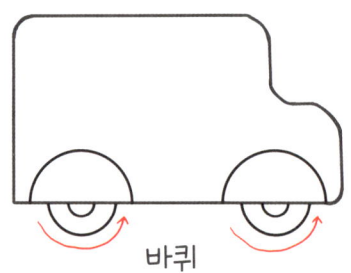
바퀴

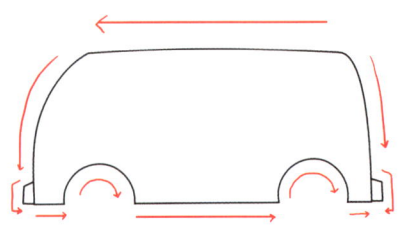

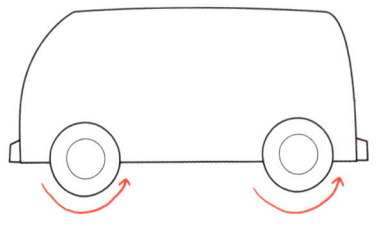

택시와 트럭

난이도 : 하

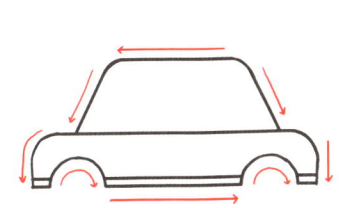
자동차 모양

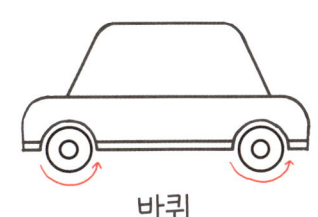
바퀴

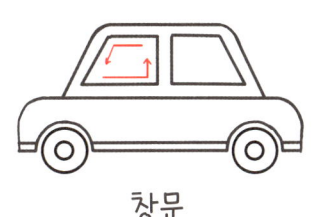
창문

택시등

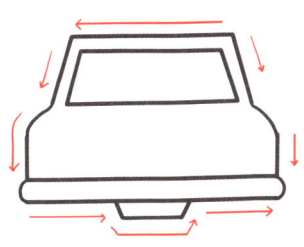

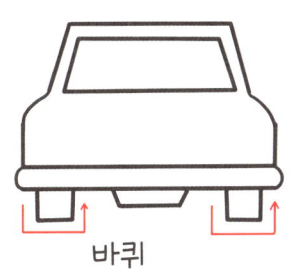
바퀴

전조등과 창문

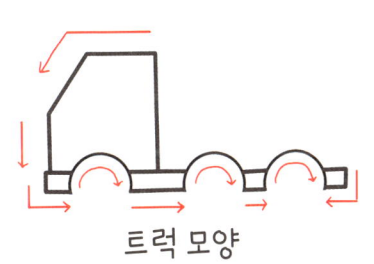
트럭 모양

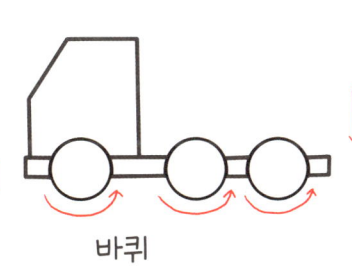
바퀴

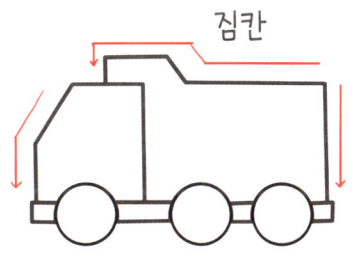
짐칸

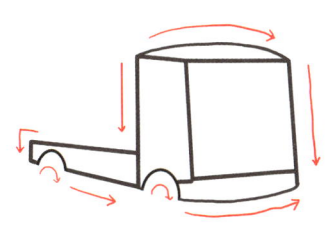

 ## 소방차와 구급차

난이도 : 하

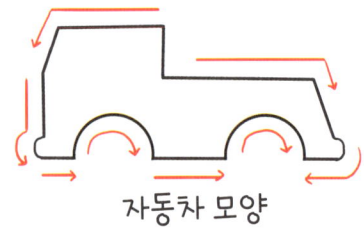
자동차 모양

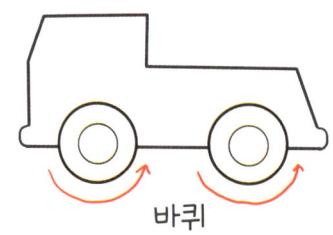
바퀴

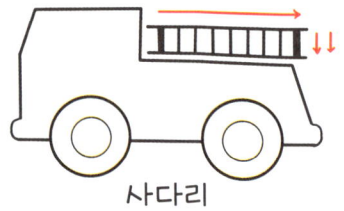
사다리

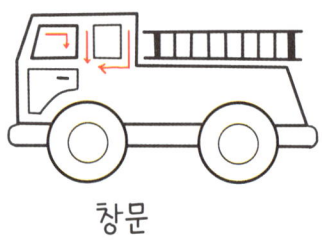
창문

사이렌

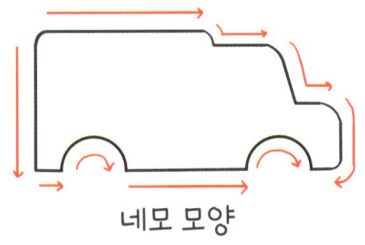
네모 모양

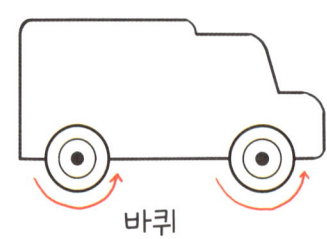
바퀴

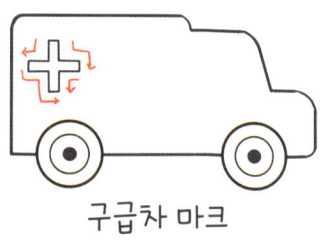
구급차 마크

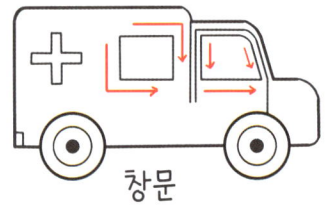
창문

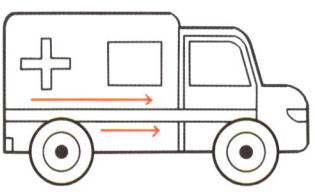

불도저와 레미콘

난이도 : 중

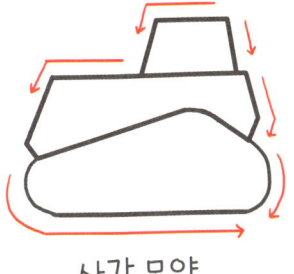
사각 모양

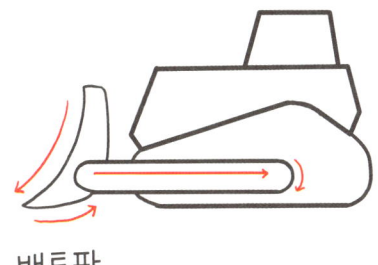
배토판

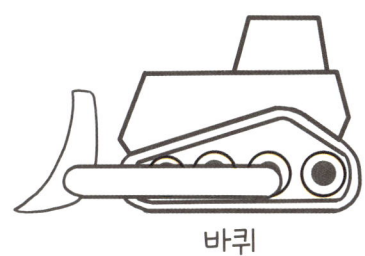
바퀴

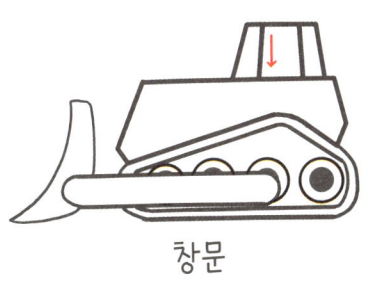
창문

트럭 모양

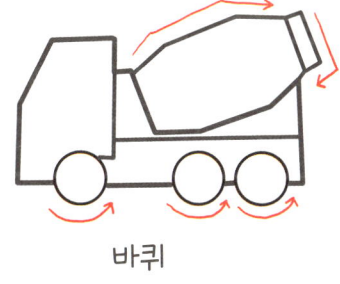
바퀴

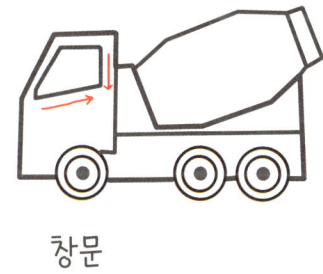
창문

문 손잡이

49

자전거와 오토바이

난이도 : 중

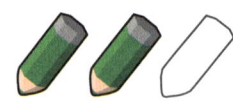

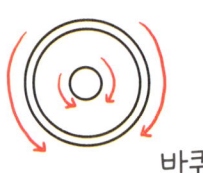
바퀴

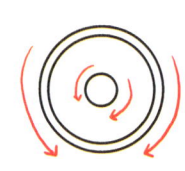

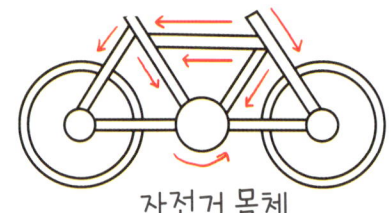
자전거 몸체

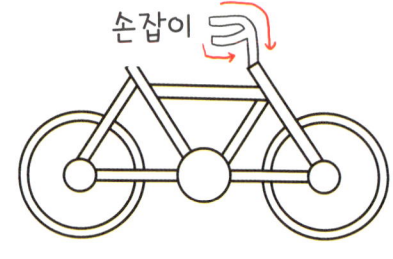
손잡이

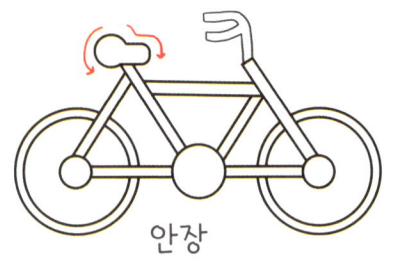
안장

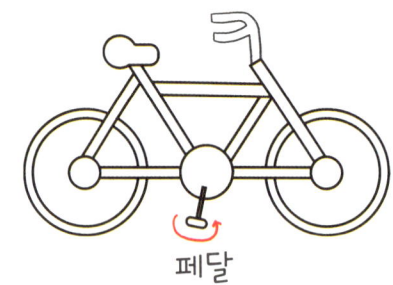
페달

바퀴

손잡이

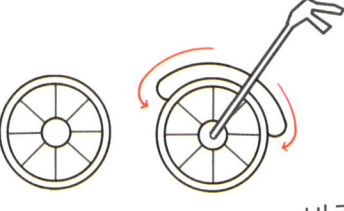
바퀴 덮개

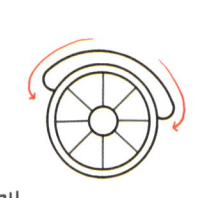

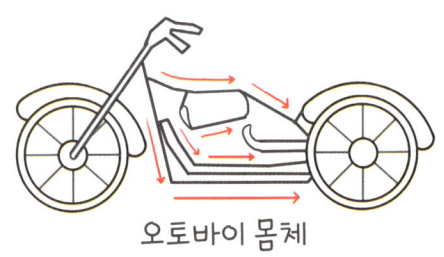
오토바이 몸체

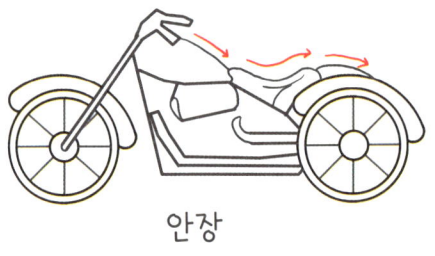
안장

전조등

킥보드와 기차

난이도 : 하

바퀴

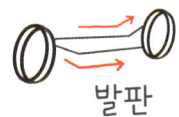
발판

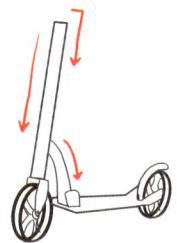

손잡이

바퀴

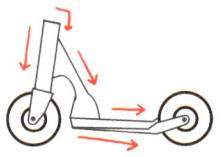

발판

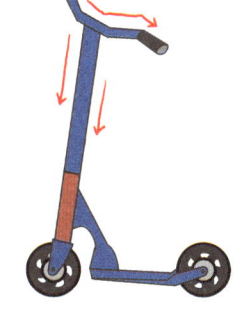

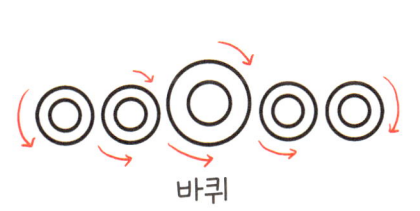
바퀴

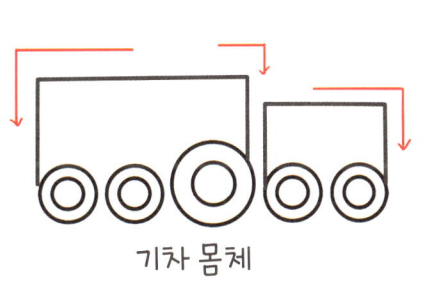
기차 몸체

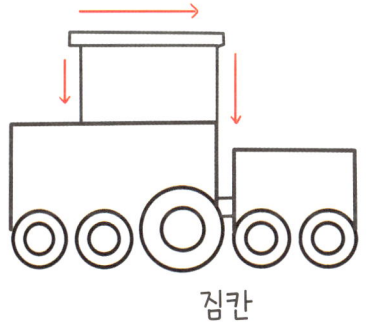
짐칸

굴뚝

여객선과 잠수함

난이도 : 하

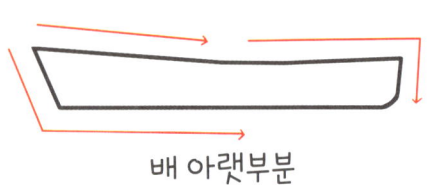
배 아랫부분

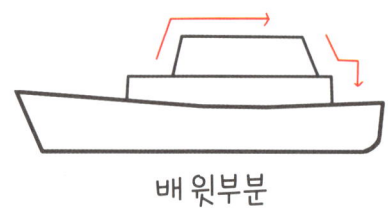
배 윗부분

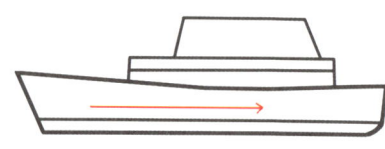

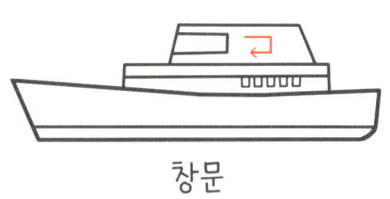
창문

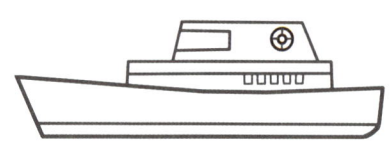

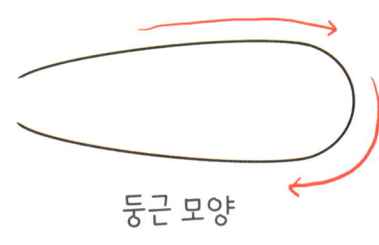
둥근 모양

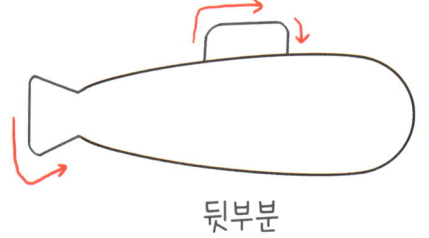
뒷부분

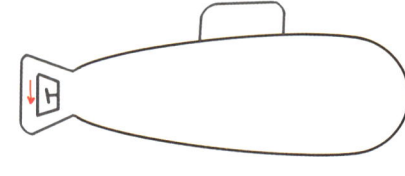

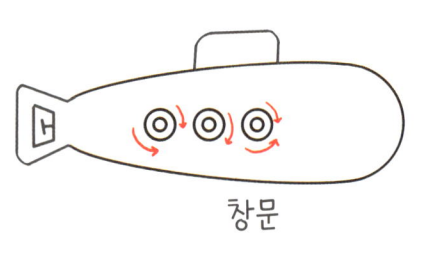
창문

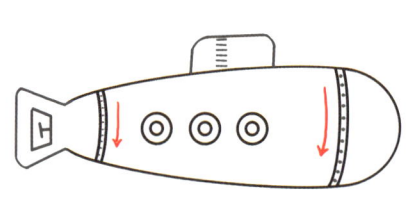

잠만경

비행기와 헬리콥터

난이도 : 중

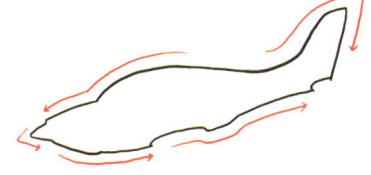
비행기 몸체

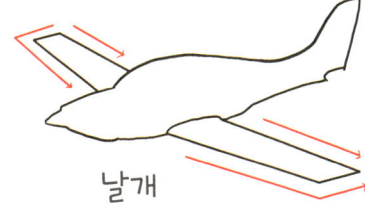
날개

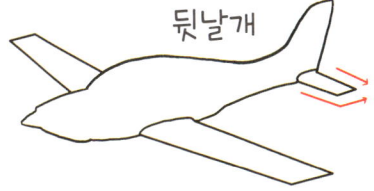
뒷날개

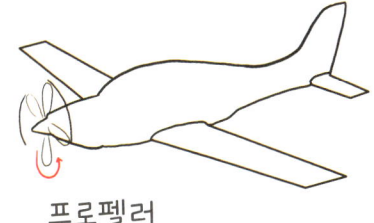
프로펠러

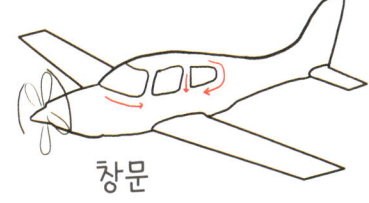
창문

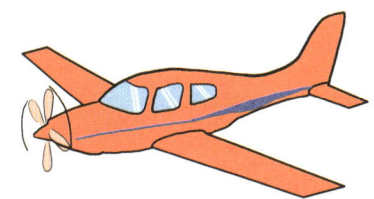

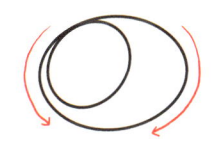
동그란 몸체

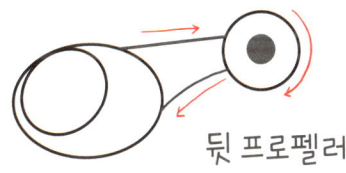
뒷 프로펠러

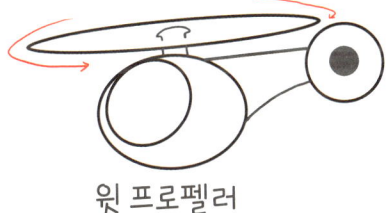
윗 프로펠러

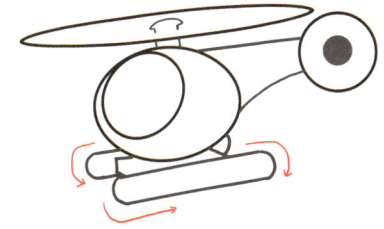

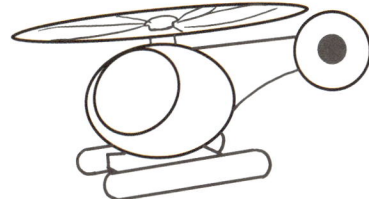

53

 # 우주선과 로켓

난이도 : 하

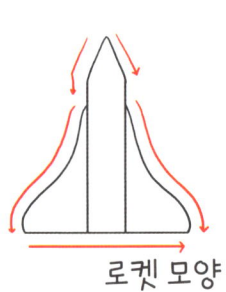
로켓 모양

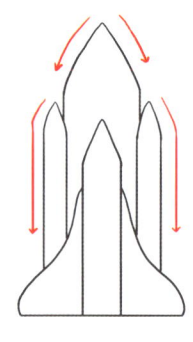 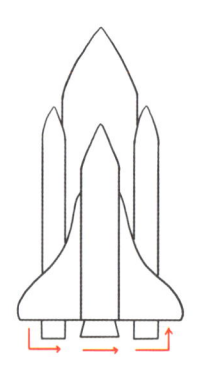 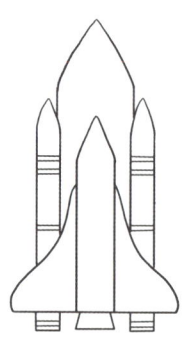 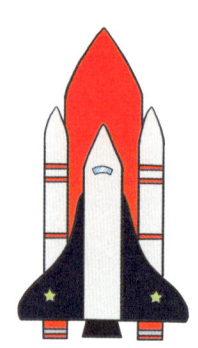

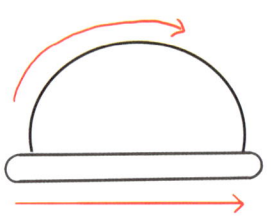 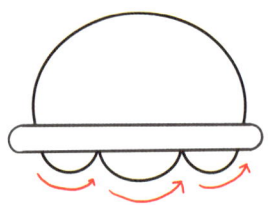 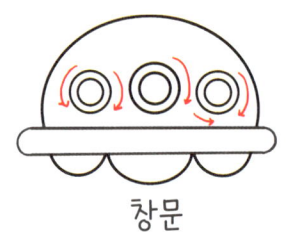 
창문   안테나 / 창문

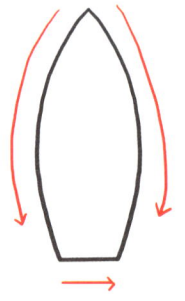 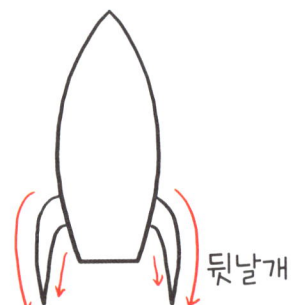 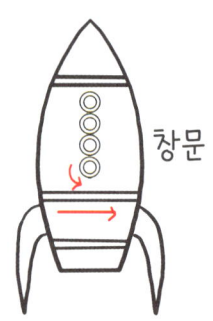 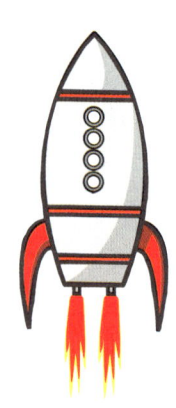
뒷날개   창문   불꽃

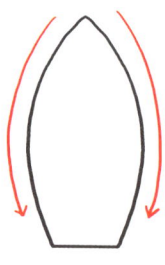 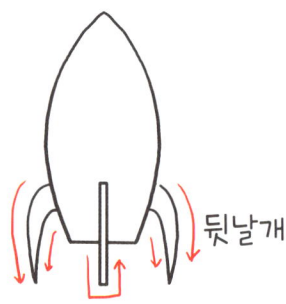 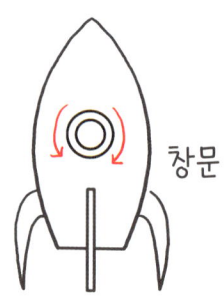 
뒷날개   창문

탱크와 거북선

난이도 : 상

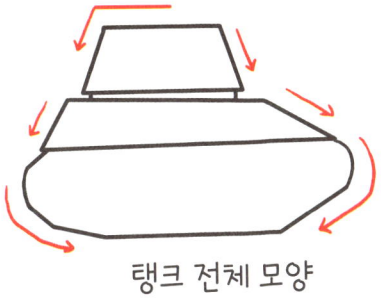
탱크 전체 모양

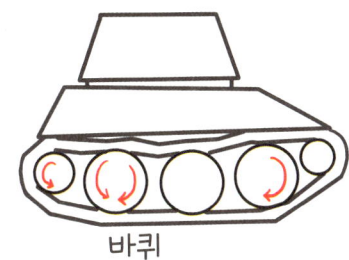
바퀴

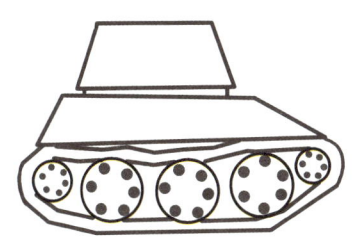

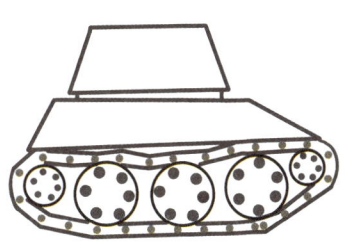

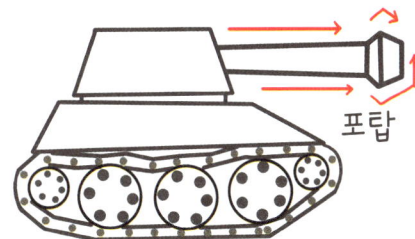
포탑

용 머리

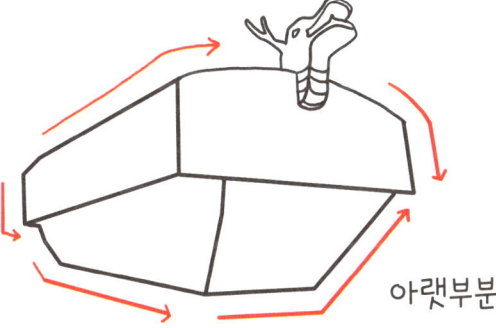
아랫부분

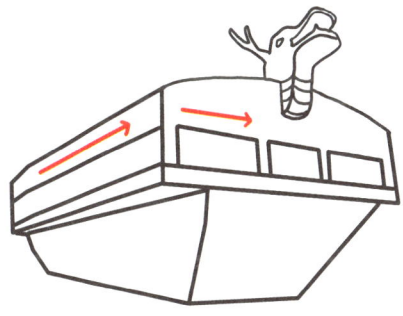

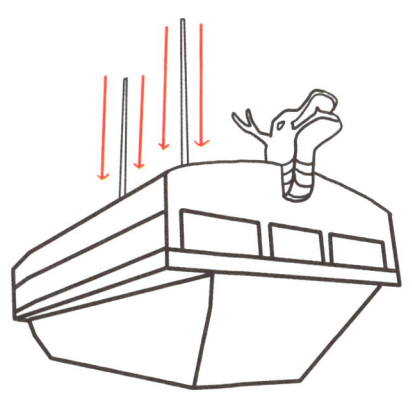

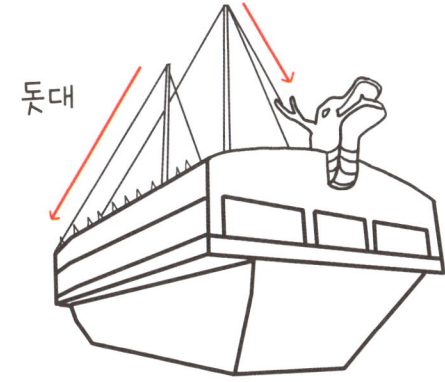
돛대

 ## 배와 튜브, 열기구

난이도 : 하

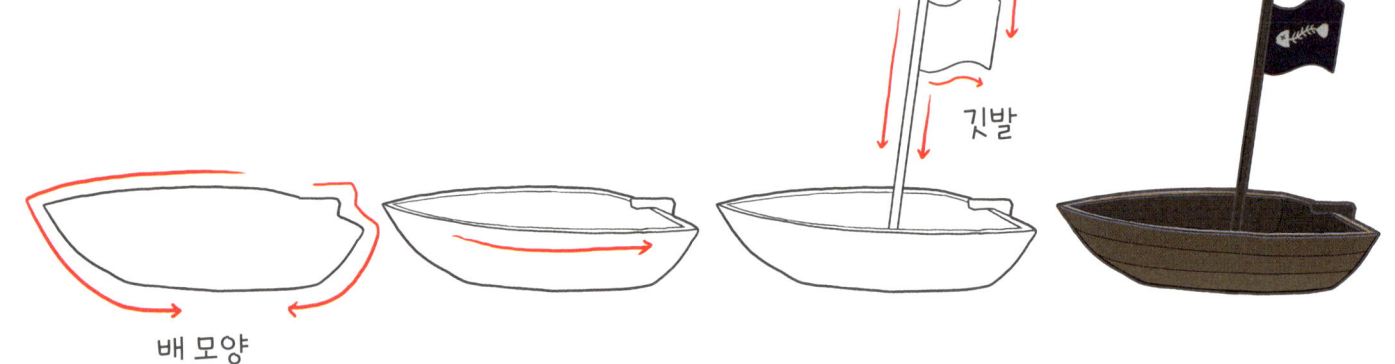
배 모양 / 깃발

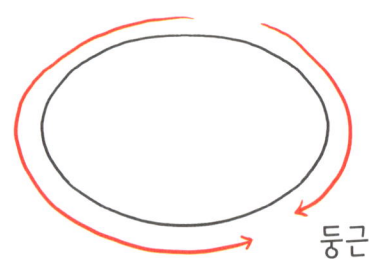
둥근 모양
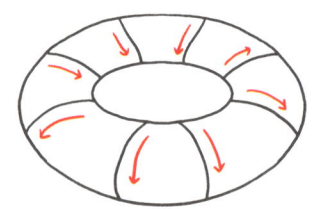

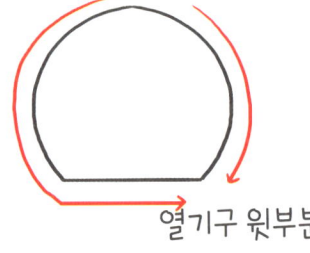
열기구 윗부분
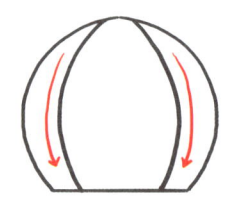
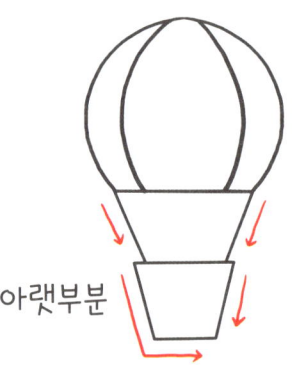
아랫부분
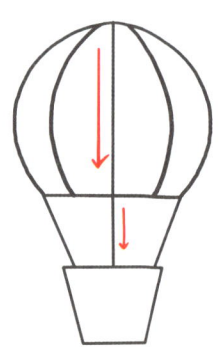

열기구 색깔을 다양하게 바꿔 보세요.

경찰차와 사다리차, 굴삭기

난이도 : 중

자동차 모양

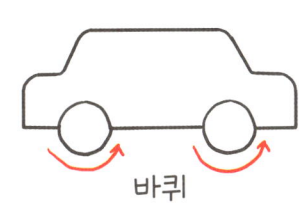
바퀴

창문

사이렌

트럭 모양

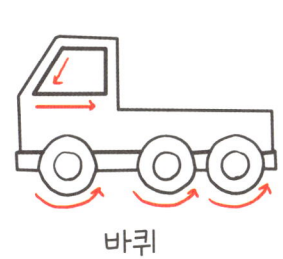
바퀴

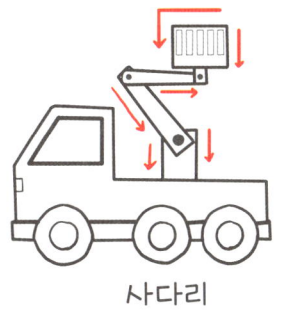
사다리

굴삭기 몸체

바퀴

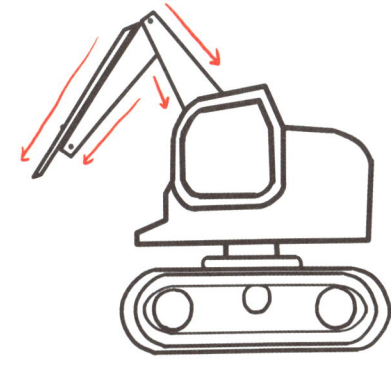

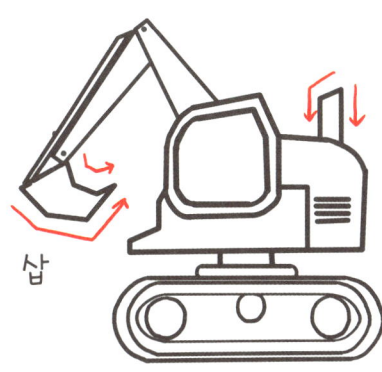
삽

57

Part 4

여러 가지 사물들

모자와 신발

난이도 : 중

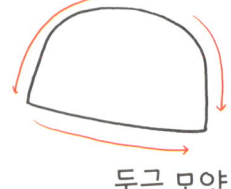 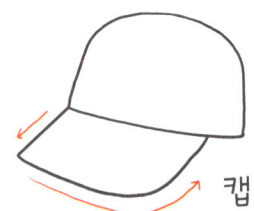 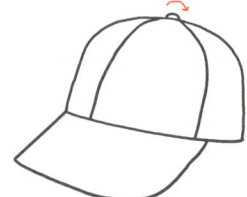 

둥근 모양 / 캡

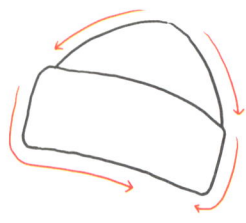   

줄 모양 / 윗부분

운동화 모양 / 운동화 끈 / 운동화 모양

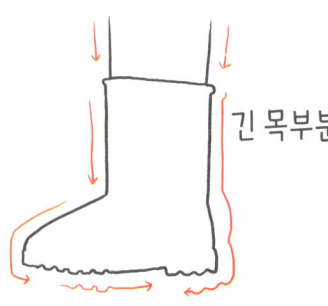 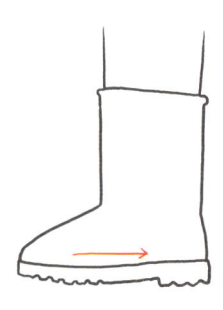 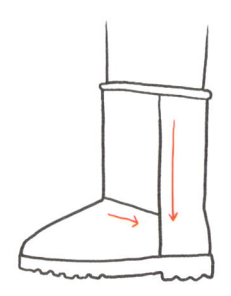 

긴 목부분

바지와 양말

난이도 : 하

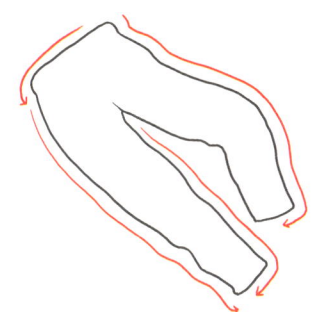
바지 모양

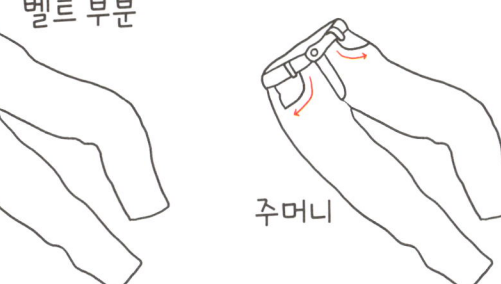
벨트 부분　　주머니

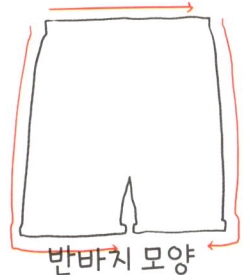
반바지 모양

벨트 부분

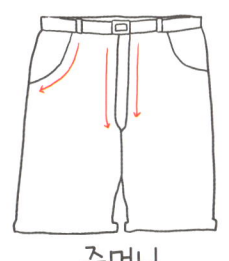
주머니

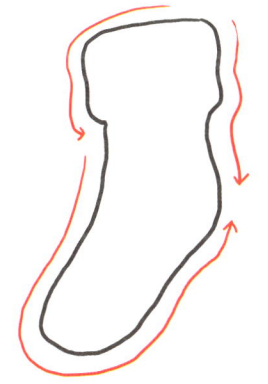

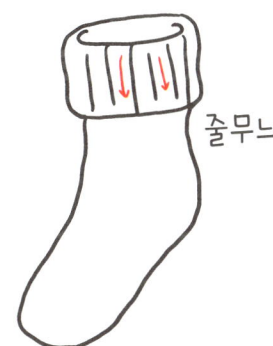
줄무늬

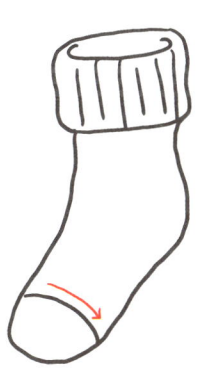

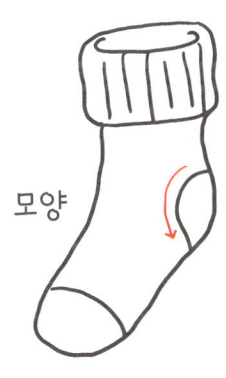
모양

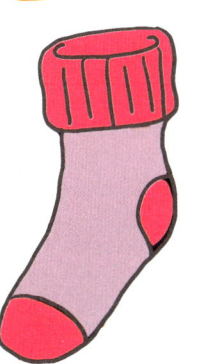

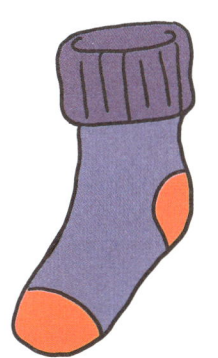

숟가락과 포크, 나이프, 주전자

난이도 : 하

숟가락
둥근 모양
손잡이
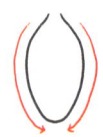
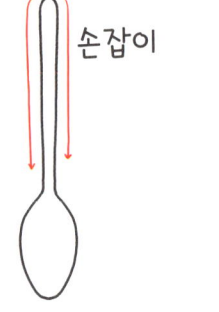

포크
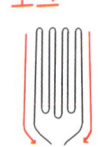

나이프
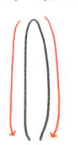
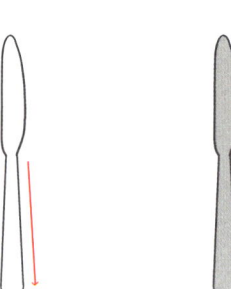

국자
머리 부분
손잡이

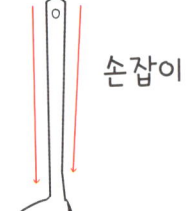
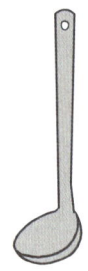

뒤집개

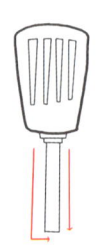
손잡이 부분

주전자
전체 모양
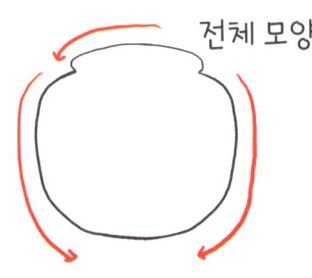
뚜껑 손잡이

배출구

손잡이 부분

 # 책상과 의자

난이도 : 상

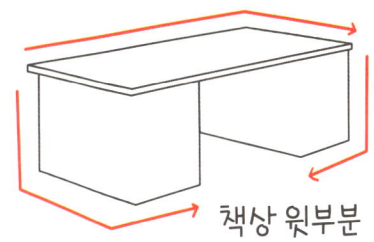 책상 윗부분

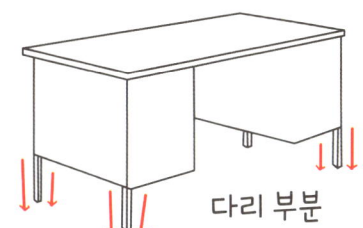 다리 부분

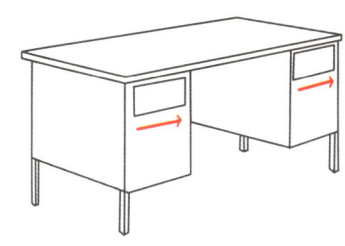

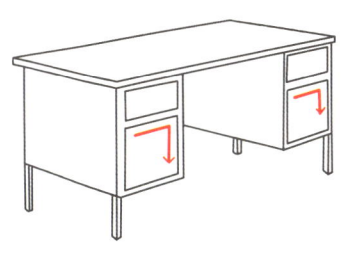

 서랍

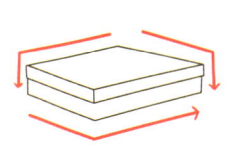

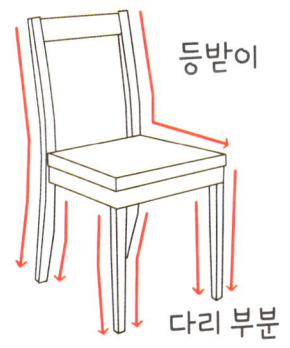 등받이

다리 부분

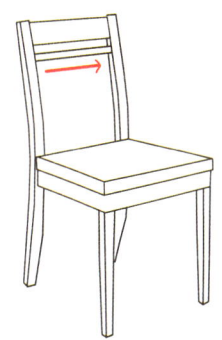

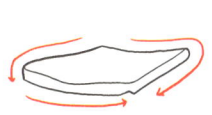

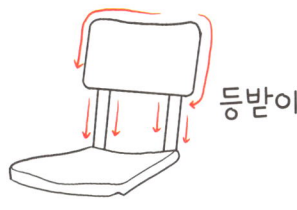 등받이

 다리 부분

식탁과 책꽂이, 핸드폰

난이도 : 중

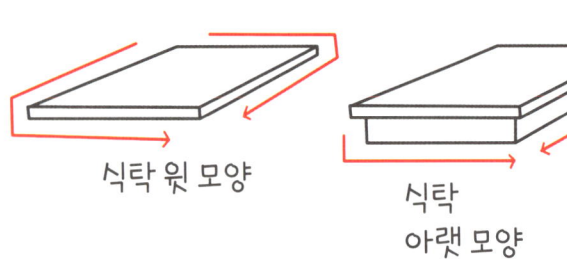
식탁 윗 모양 / 식탁 아랫 모양 / 다리

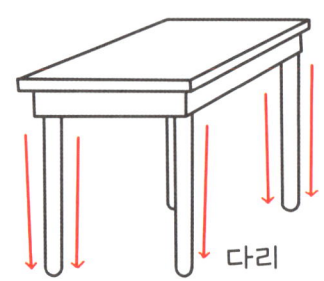

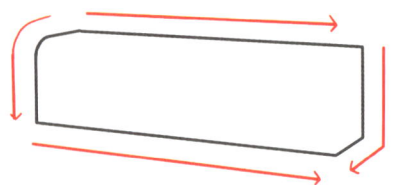
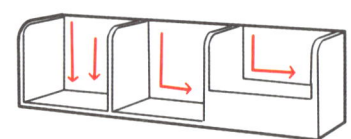
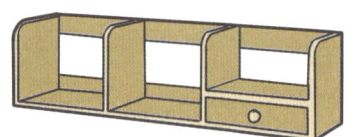

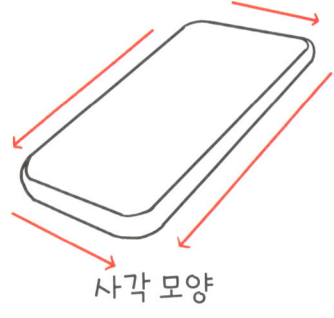
사각 모양

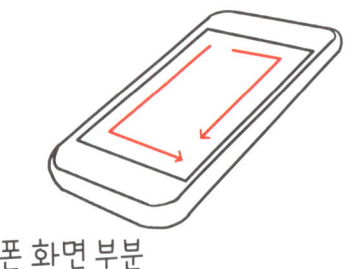
폰 화면 부분

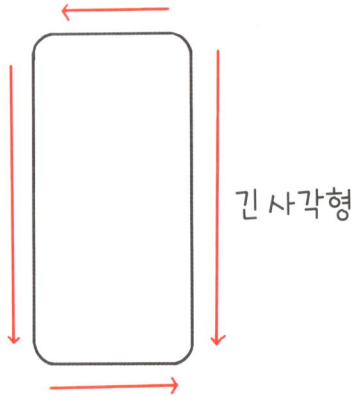
긴 사각형

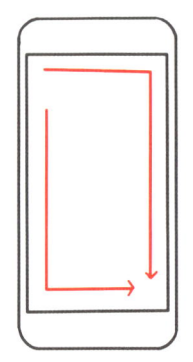
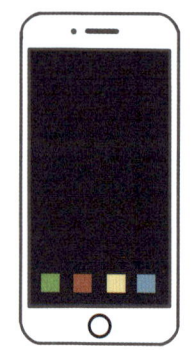

시계와 드라이기, 거울

난이도 : 하

시계 (손목시계)

동그란 시계 몸체

시계줄

시계침

시계 (탁상시계)

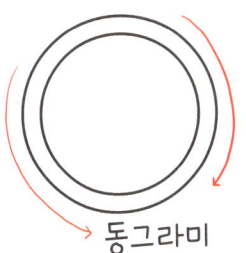
동그라미

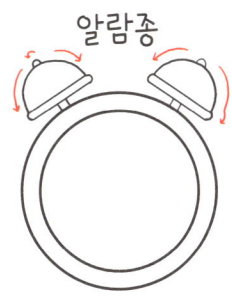
알람종

시계침

드라이기

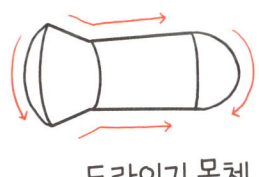
드라이기 몸체

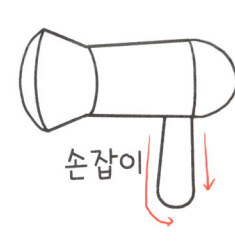
손잡이

바람 표현

거울

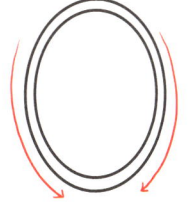
동그라미

손잡이

 # 치약과 칫솔, 컵, 샴푸

난이도 : 중
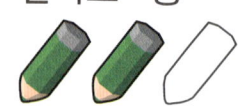

치약
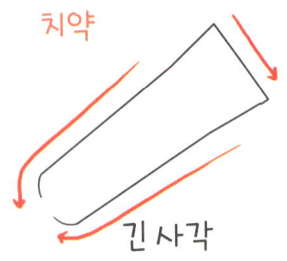 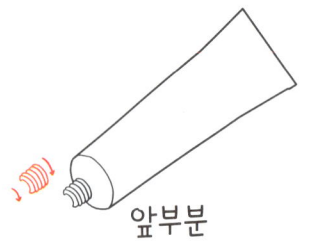  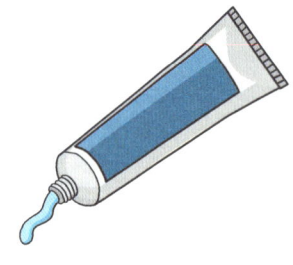
긴 사각 / 앞부분 / 튀어나오는 치약

칫솔
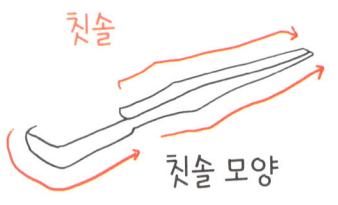 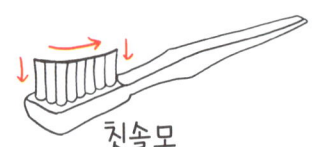  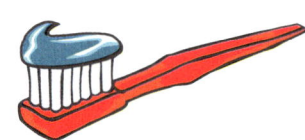
칫솔 모양 / 칫솔모 / 치약

컵
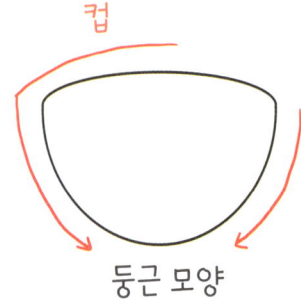 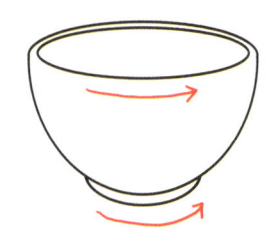  
둥근 모양 / / 손잡이

샴푸
 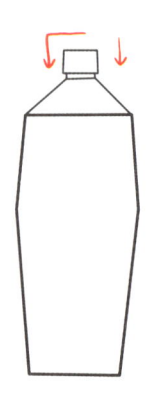  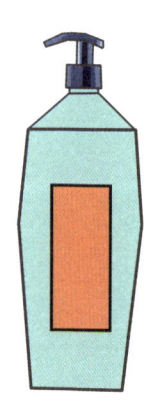
긴 몸체 / / 펌핑 부분

가위와 연필, 저금통, 책

난이도 : 중

가위
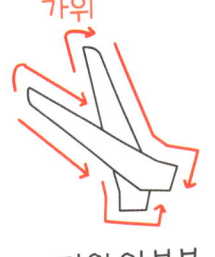
가위 앞부분
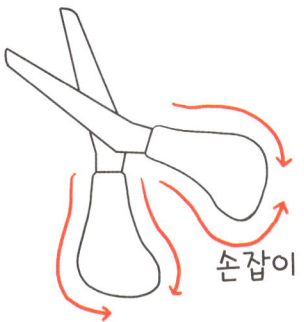
손잡이
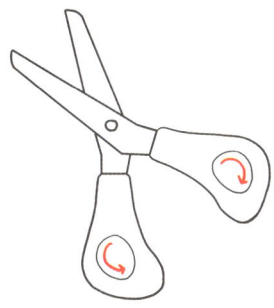

연필
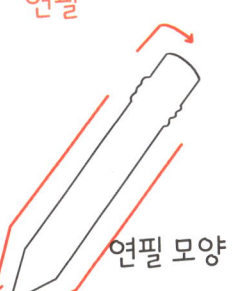
연필 모양

연필뒷 지우개 부분

연필 줄무늬
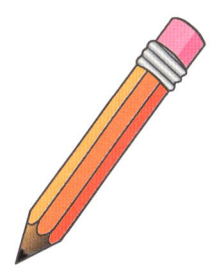

저금통
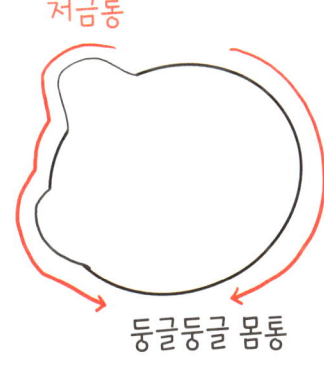
둥글둥글 몸통

귀부분
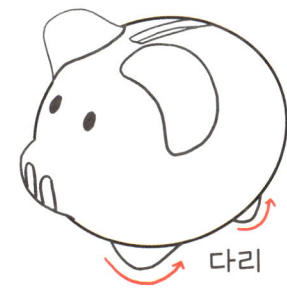
다리

책
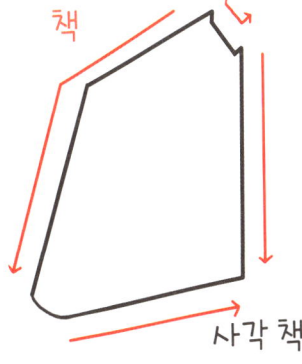
사각 책 모양
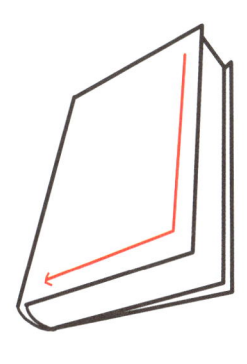
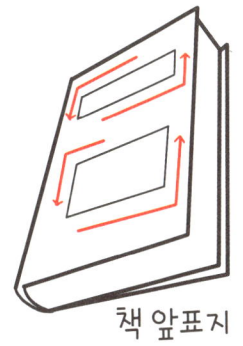
책 앞표지

67

냄비와 후라이팬, 기타와 피리

난이도 : 상

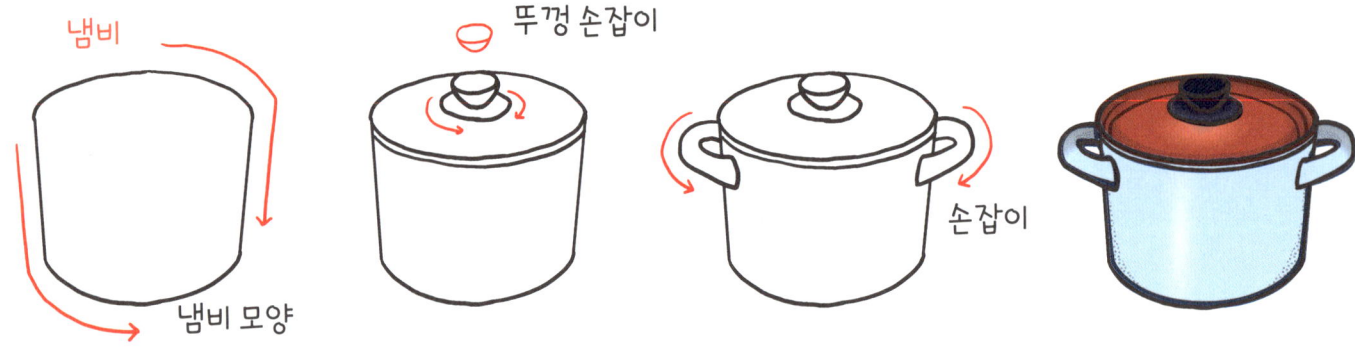
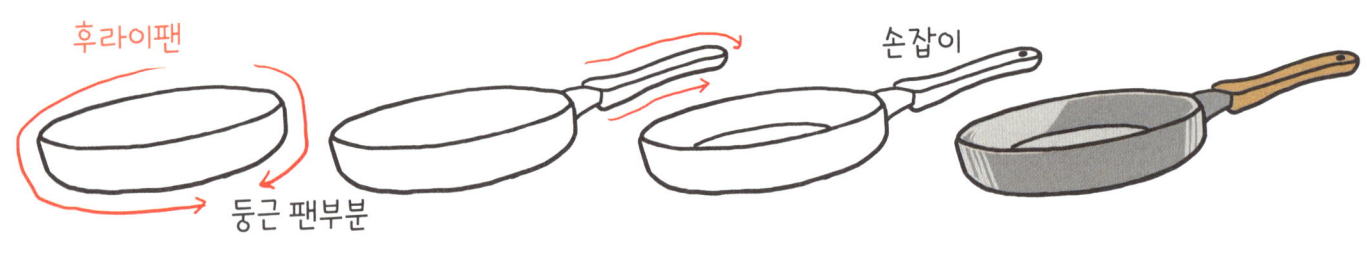
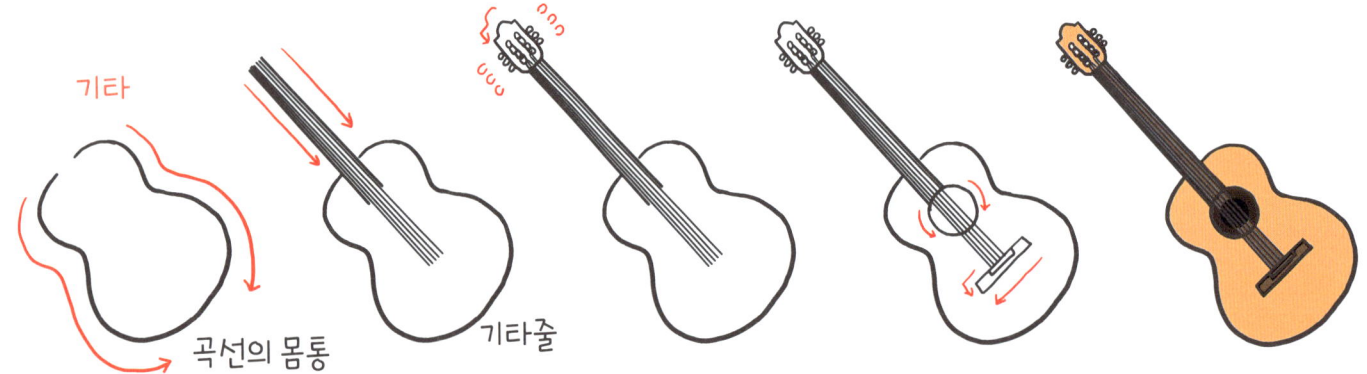
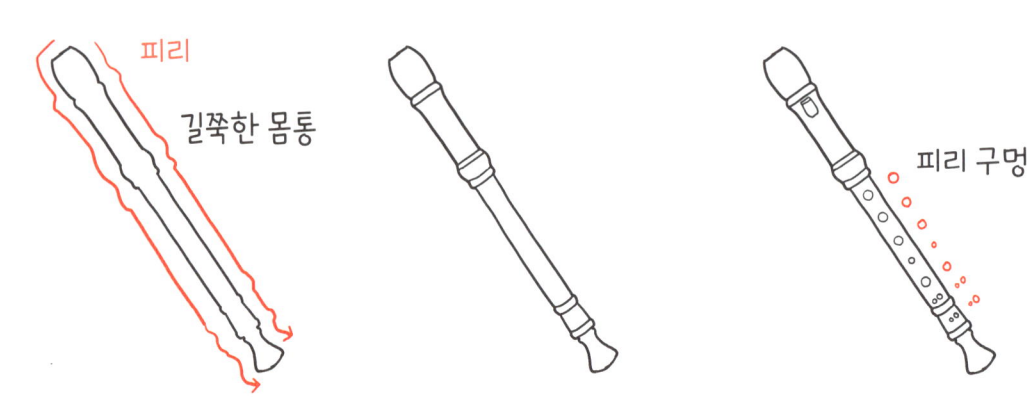

바이올린과 북, 탬버린, 트럼펫

난이도 : 상
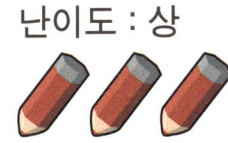

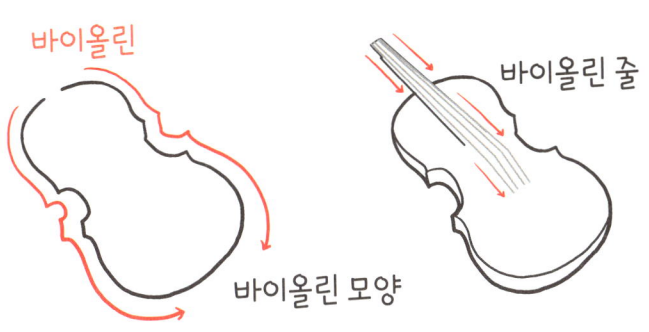
바이올린
바이올린 모양
바이올린 줄

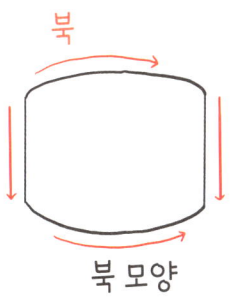
북
북 모양

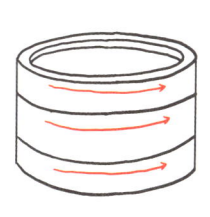

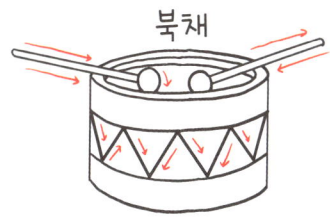
북채

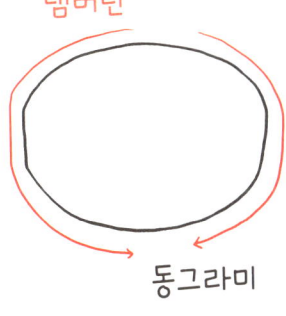
탬버린
동그라미

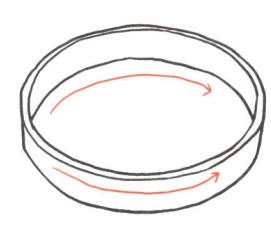

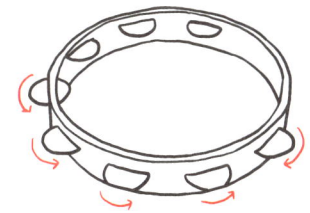

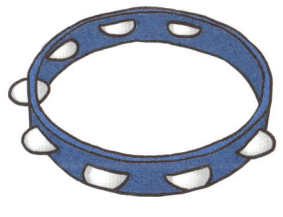

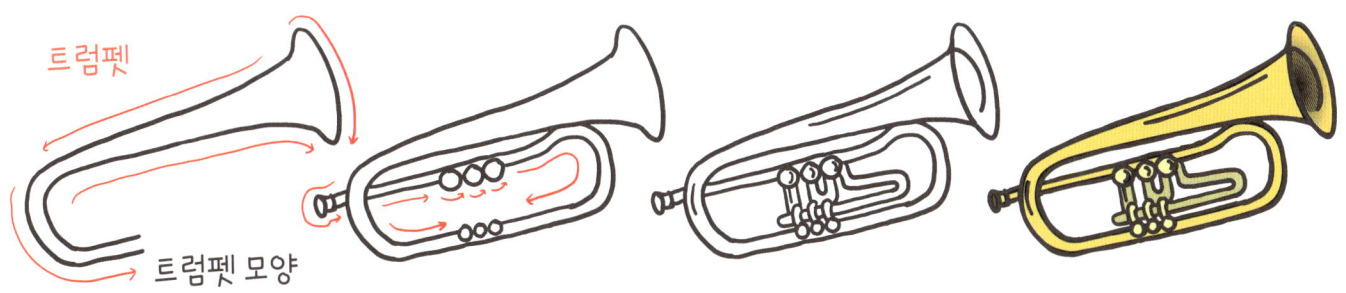
트럼펫
트럼펫 모양

69

소화기와 종, 스텐드, 전구

난이도 : 중

소화기
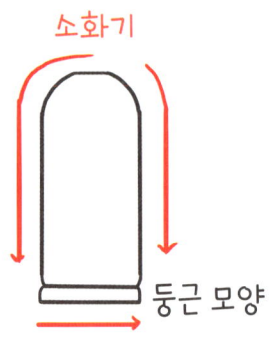 둥근 모양
 머리 부분
 손잡이

종
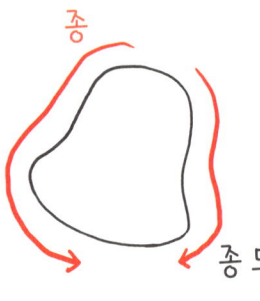 종 모양
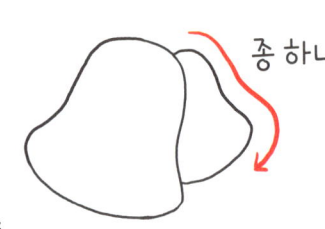 종 하나 더
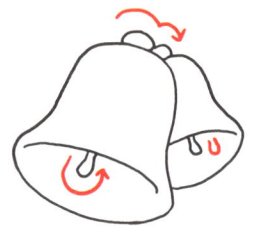

스텐드
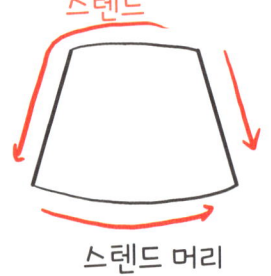 스텐드 머리
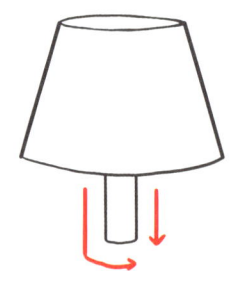
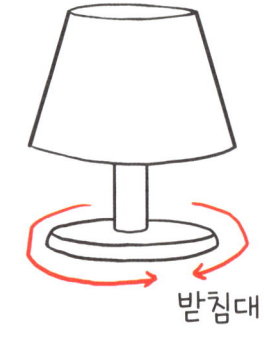 받침대

전구
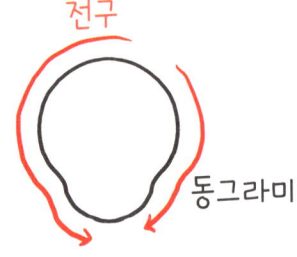 동그라미

 필라멘트

우산과 주사위, 축구공, 선물상자

난이도 : 중

우산
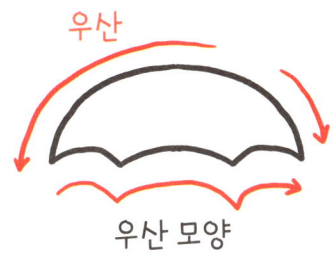
우산 모양
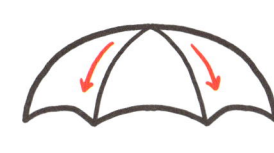

손잡이

주사위
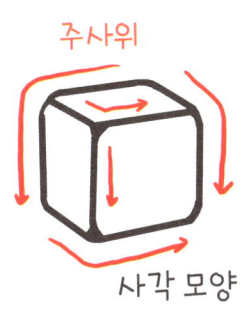
사각 모양
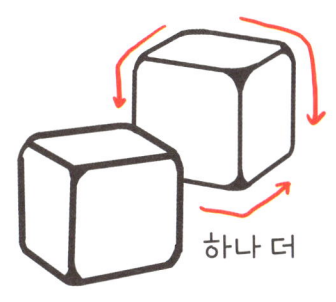
하나 더
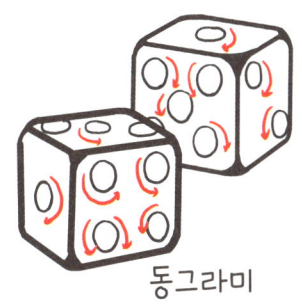
동그라미

축구공
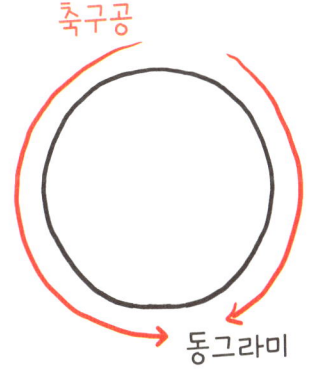
동그라미

줄무늬

선물상자
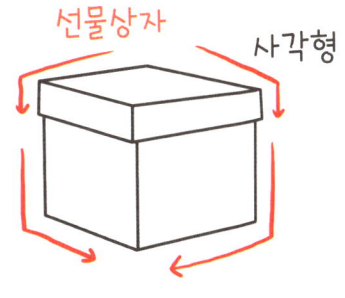
사각형
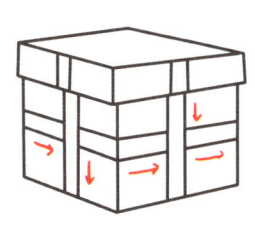

리본

71

Part 5

자연과 곤충

해와 달

난이도 : 하

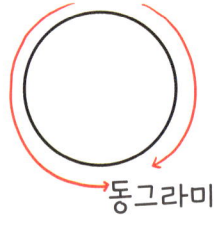
동그라미

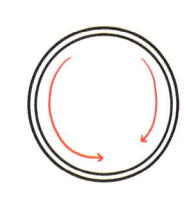

주변 불꽃

둥글둥글 모양

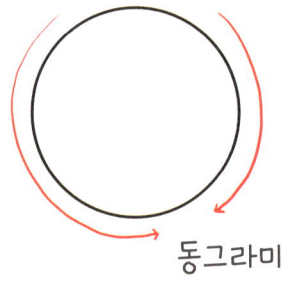
동그라미

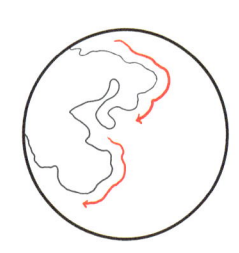 
달 표면

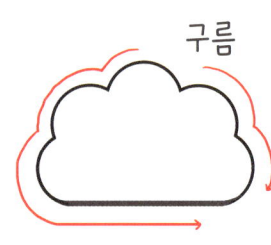
구름

 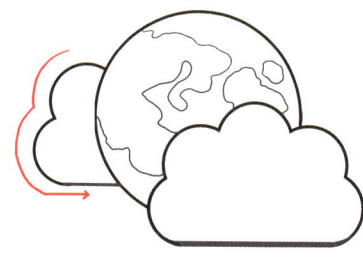 

별과 무지개, 다양한 구름

난이도 : 하

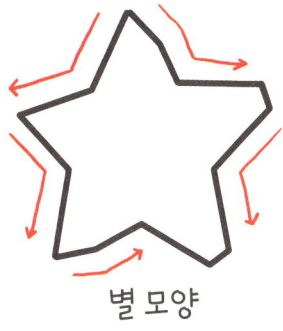
별 모양

입체감 표현

구름

구름 하나 더

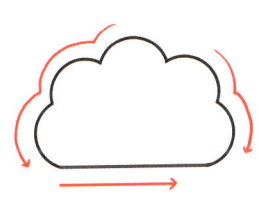

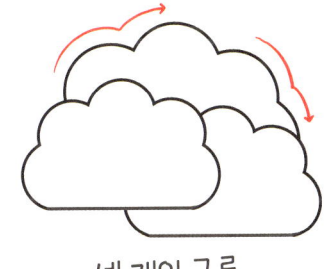
세 개의 구름

비내리는 구름   번개치는 구름   눈내리는 구름

나비와 꿀벌

난이도 : 중

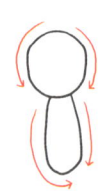  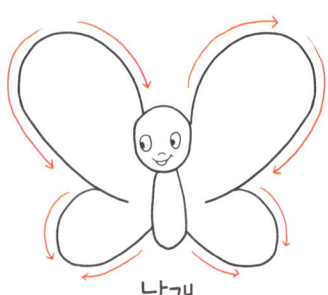 

머리와 몸통 · 날개 · 날개 모양

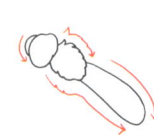 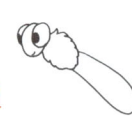 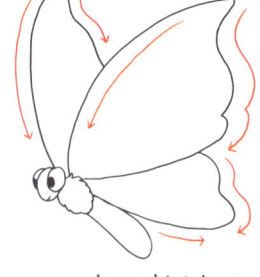  

화려한 날개 · 여러 개의 다리

동그라미 · 눈, 코, 입 몸통과 다리 · 날개

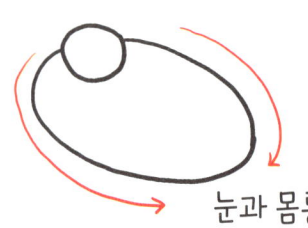   

눈과 몸통 · 날개 · 침

 # 개미와 거미

난이도 : 중
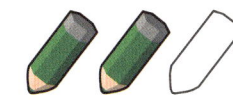

 동그라미
 눈과 입, 몸통
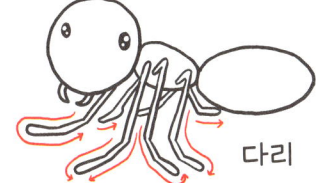 다리

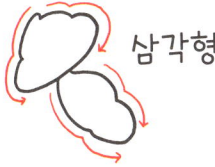 삼각형 얼굴
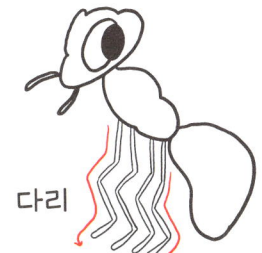 길쭉한 입
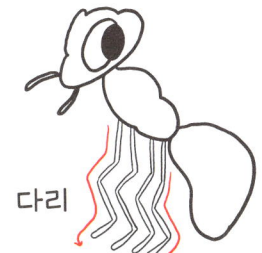 다리
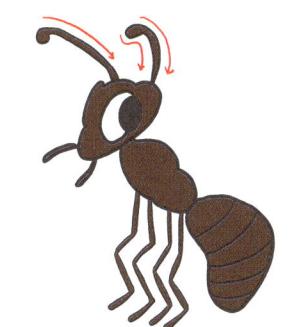

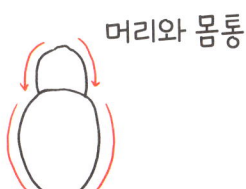 머리와 몸통
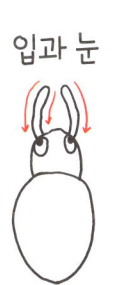 입과 눈
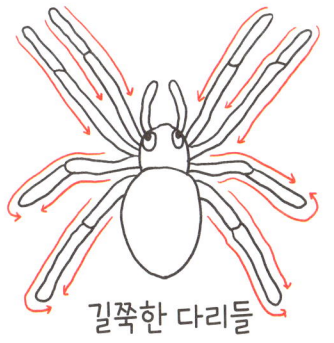 길쭉한 다리들
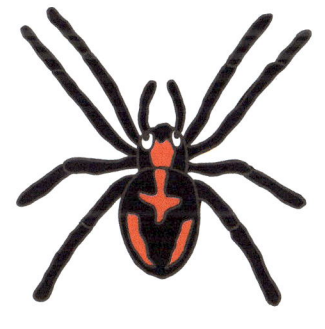

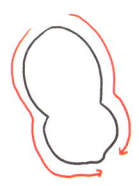
 큰 입
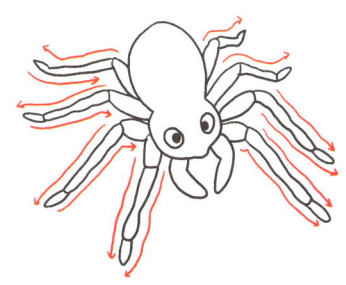

77

무당벌레와 잠자리

난이도 : 중

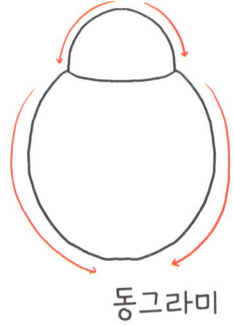
동그라미

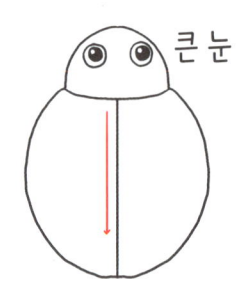
큰 눈

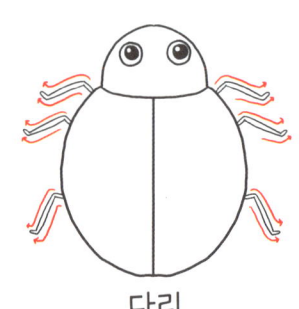
다리

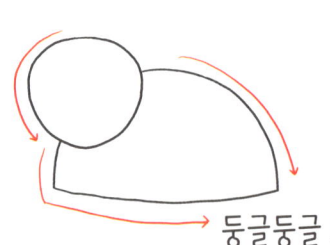
둥글둥글 모양

눈과 입

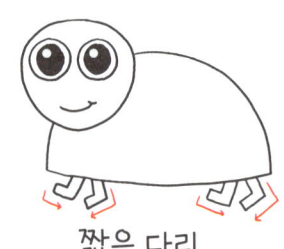
짧은 다리

긴 몸통

큰 눈

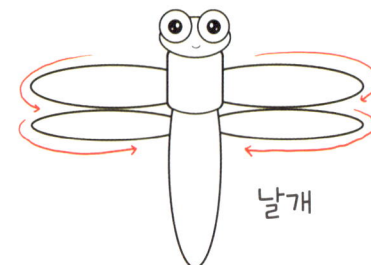
날개

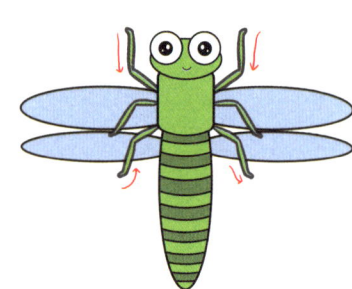

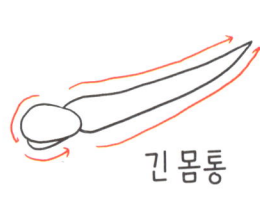
긴 몸통

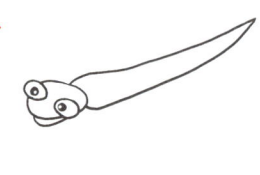

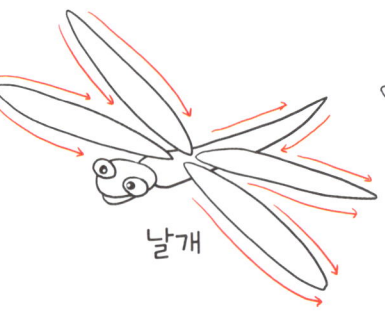
날개

사마귀와 모기

난이도 : 상

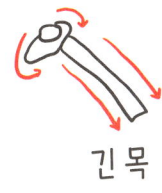
긴 목

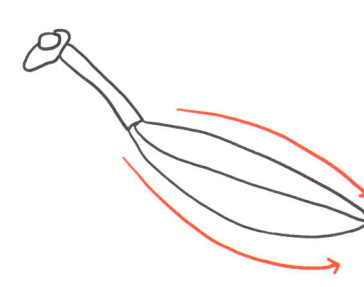

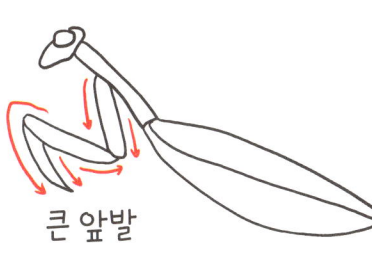
큰 앞발

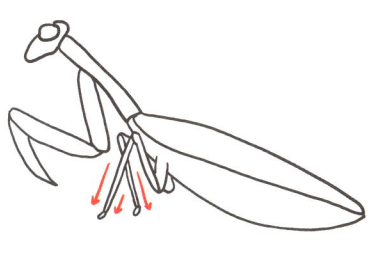

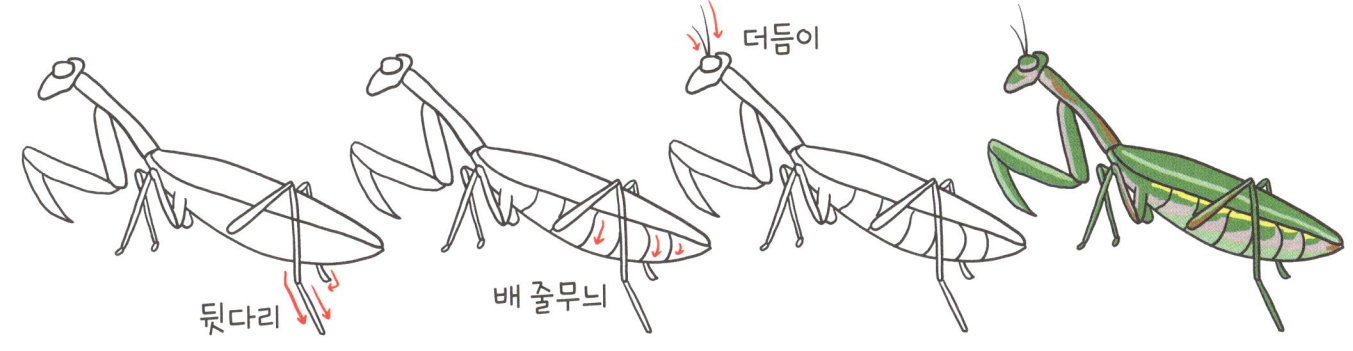

뒷다리　　배 줄무늬　　더듬이

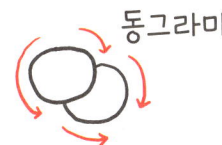
동그라미

뾰족한 침

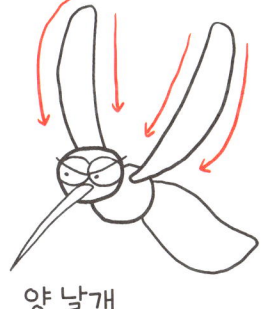
양 날개

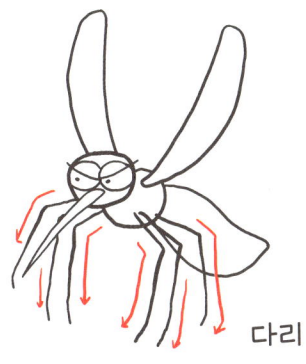
다리

배 줄무늬

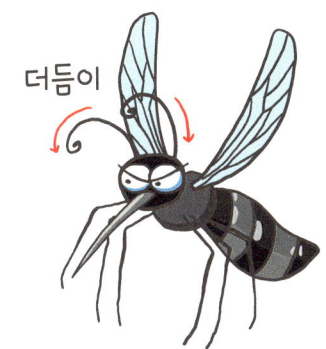
더듬이

79

 # 메뚜기와 매미

난이도 : 상

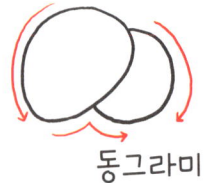   
동그라미   왕 눈   뒷다리가 포인트

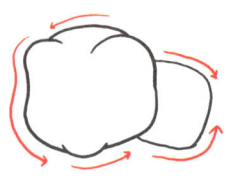   
                       복잡한 다리 주의   더듬이

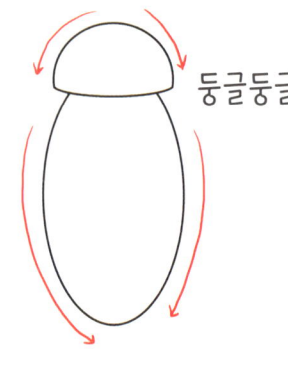 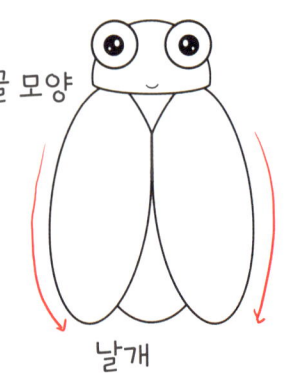 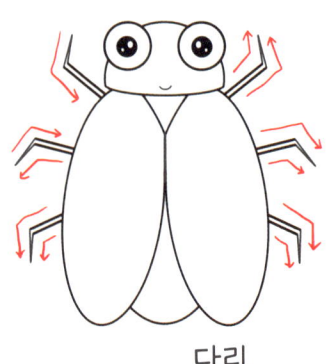 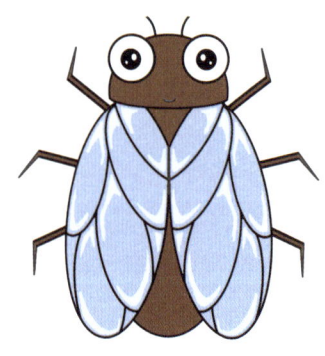
둥글둥글 모양   날개   다리

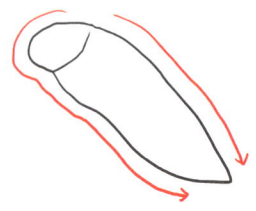 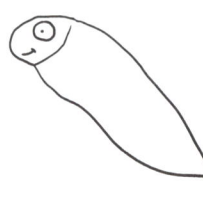 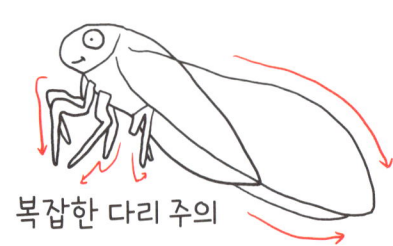 
복잡한 다리 주의

애벌레와 달팽이

난이도 : 중

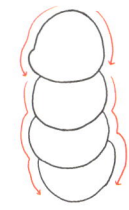
동그라미

더듬이

큰 눈

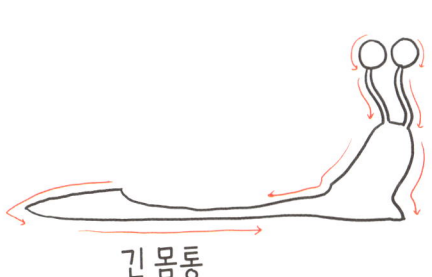
긴 몸통

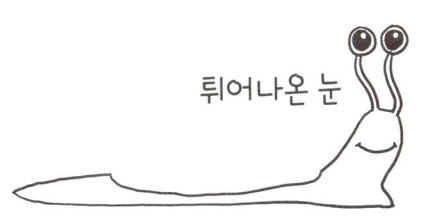
튀어나온 눈

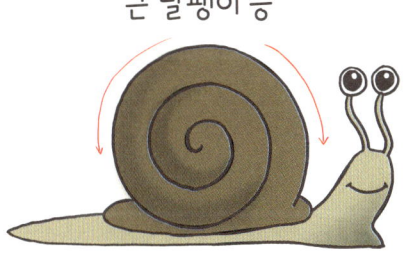
큰 달팽이 등

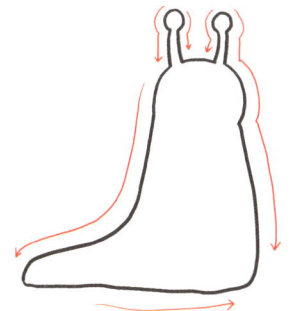

81

장수풍뎅이와 사슴벌레

난이도 : 상

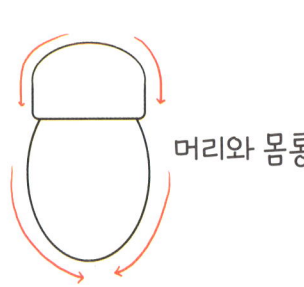
머리와 몸통

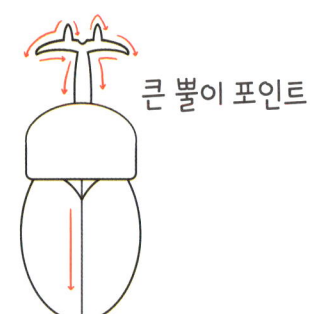
큰 뿔이 포인트

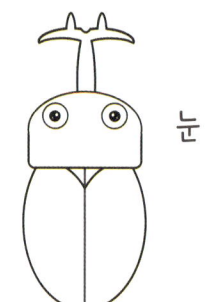
눈

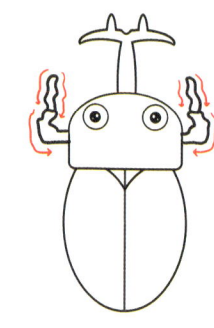

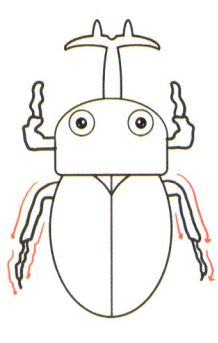

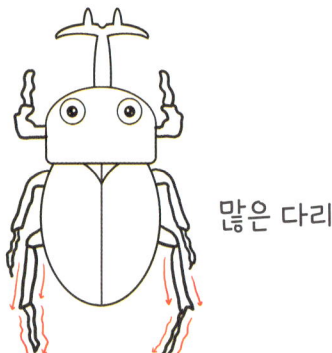
많은 다리

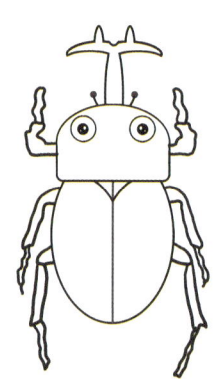

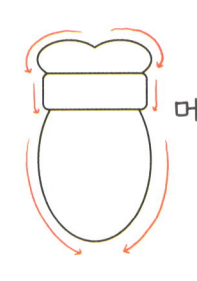
머리와 몸통

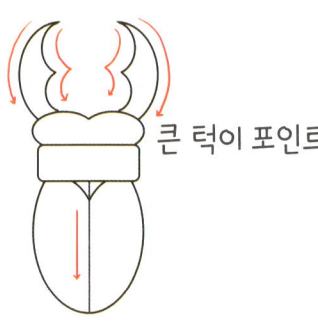
큰 턱이 포인트

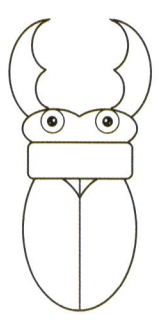

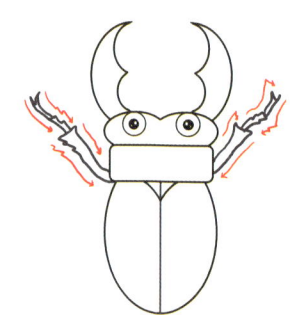

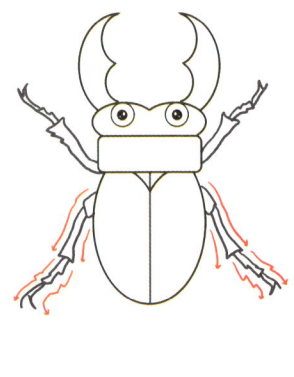
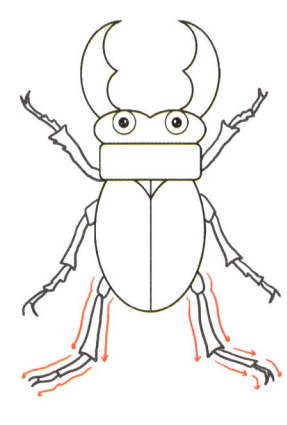
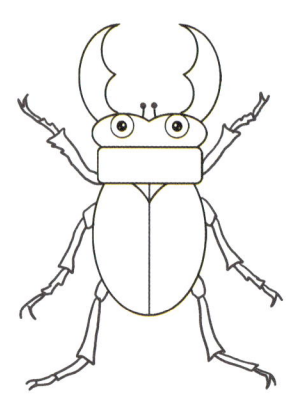

장미와 튤립

난이도 : 중

 뾰족뾰족 꽃잎
 꽃받침

 세 개의 꽃봉우리
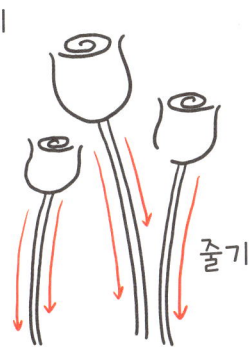 줄기
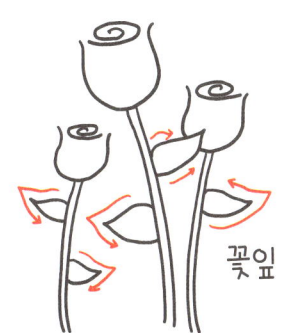 꽃잎

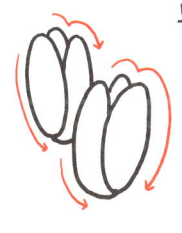 봉우리 두 개
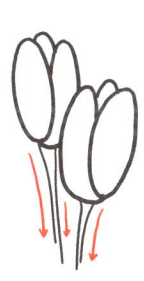
 꽃잎

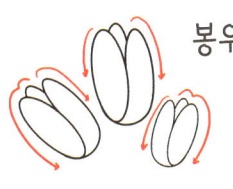 봉우리 세 개
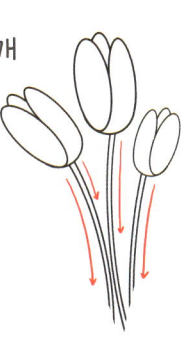
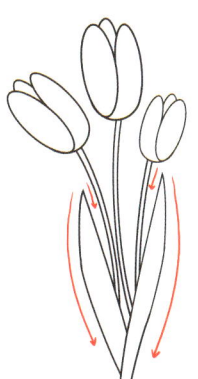

개나리와 진달래

난이도 : 상

꽃봉우리

큰 줄기

꽃봉우리 계속 추가

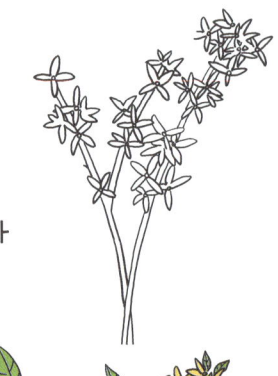

꽃잎

꽃봉우리

꽃봉우리 추가

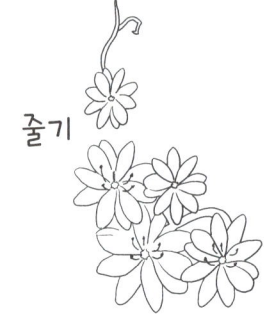
줄기

잎 모양

무궁화와 해바라기

난이도 : 하

둥근 꽃잎
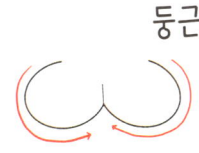
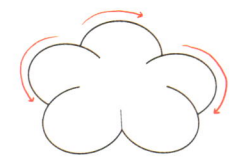

중앙 암술

줄기
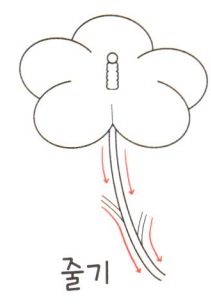

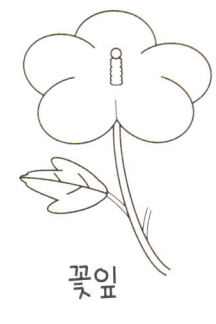
꽃잎

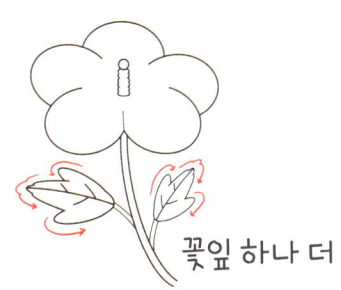
꽃잎 하나 더

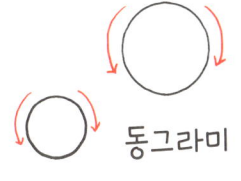
동그라미

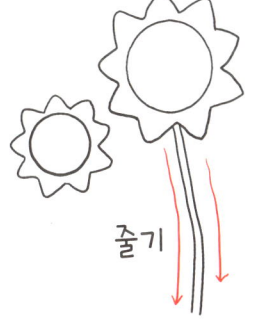
줄기

꽃잎

85

Part 6

맛있는 간식과 음식

아이스크림

난이도 : 하

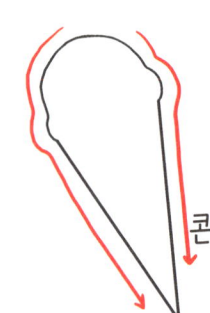 콘 아이스크림 모양
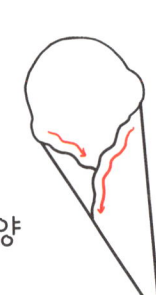 콘 모양
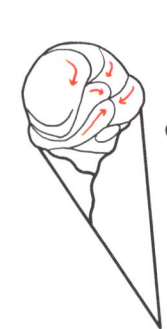 아이스크림 모양

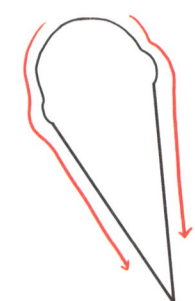
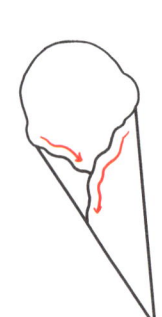
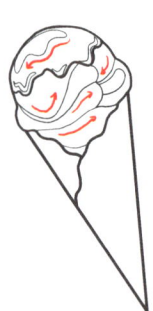

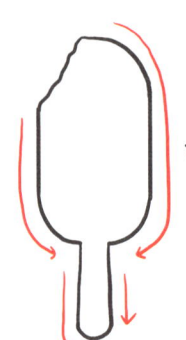 한입 먹은 모양
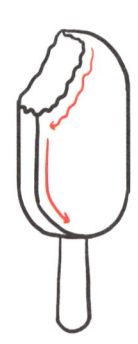
 아이스크림 표면

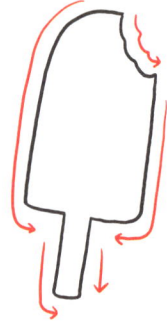
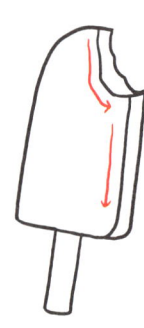

쿠키와 젤리, 막대사탕

난이도 : 하

쿠키 두 개 모양

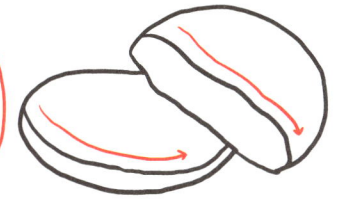

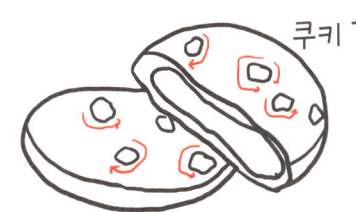
쿠키 속 모양

쿠키 겉 초코

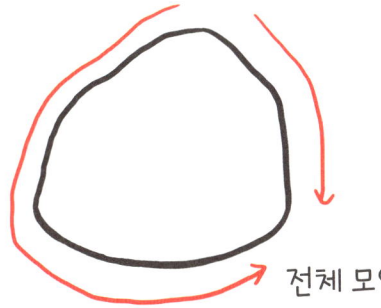
전체 모양

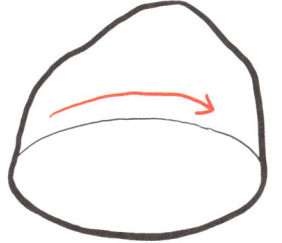
투명 젤리 표현

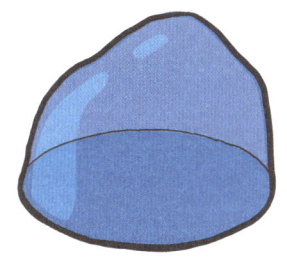

동그란 사탕부분

사탕 모양

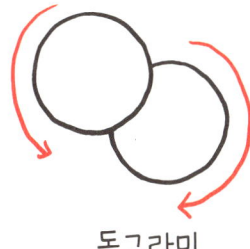
동그라미

막대

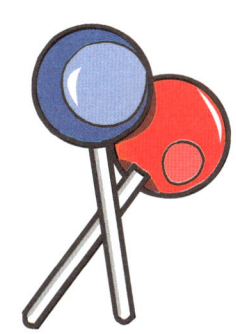

케익

난이도 : 중
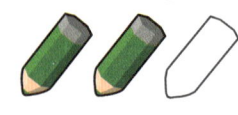

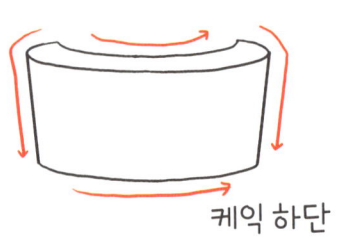
케익 하단

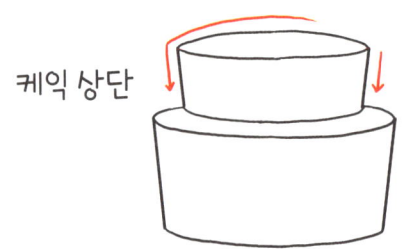
케익 상단

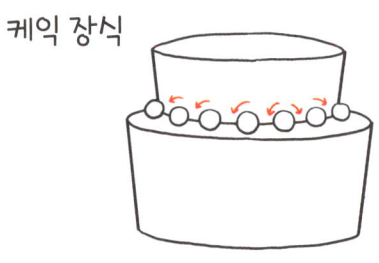
케익 장식

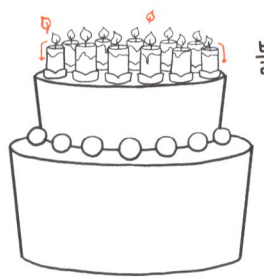
불꽃이 있는 초

케익 무늬

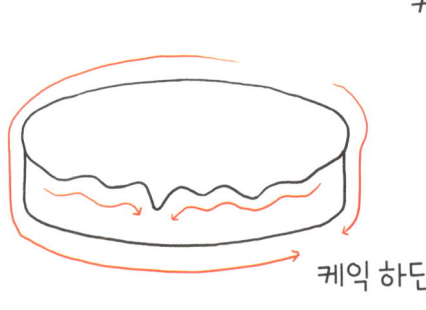
케익 하단

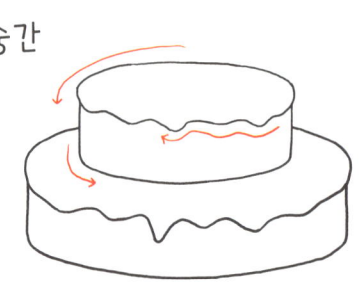
케익 중간

케익 상단
줄기

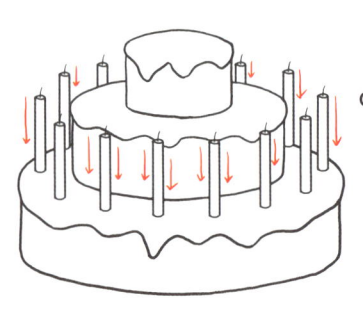
여러 개의 초

김밥과 초밥, 햄버거

난이도 : 중

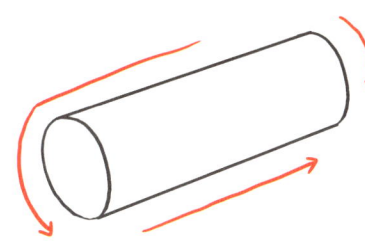 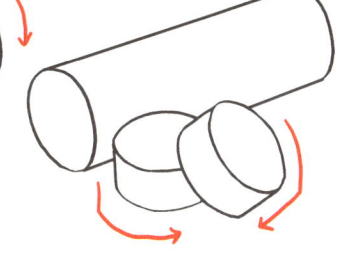 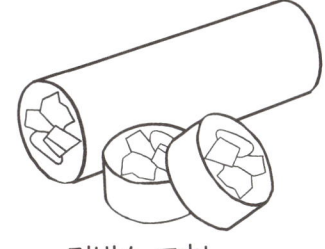 

둥근 원기둥 모양 　　　　　　　　　　김밥속 표현

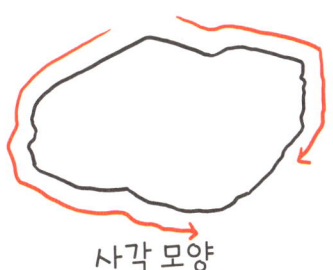 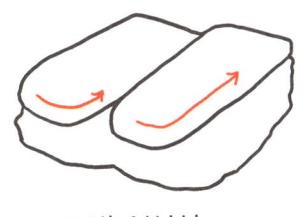 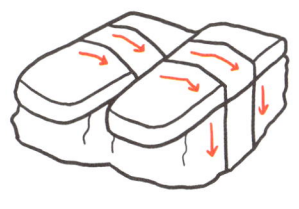 

사각 모양　　　초밥 윗부분　　　감싼 김 표현

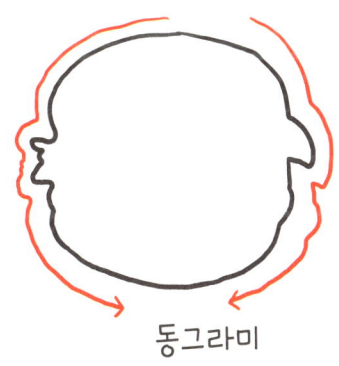   

동그라미　　　윗 빵부분　　　중간 패티 표현

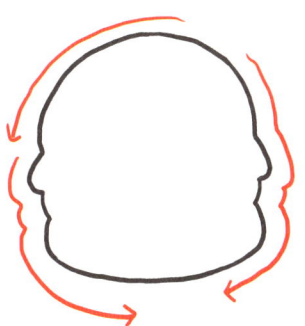   

91

 # 도넛과 빵

난이도 : 하

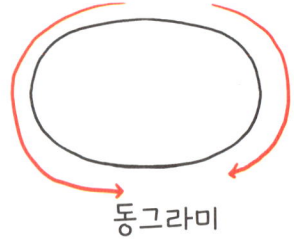
동그라미

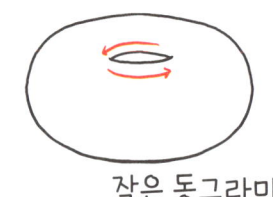
작은 동그라미

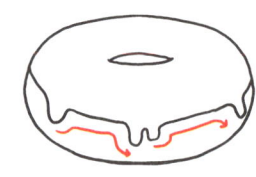
딸기 시럽 표현

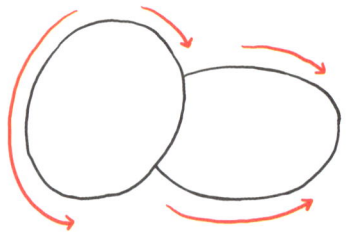
동그라미 두 개

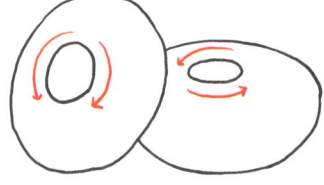
작은 동그라미

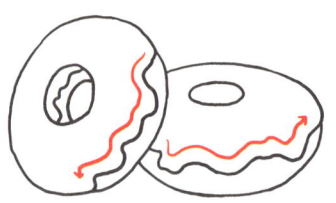
쵸코 시럽 표현

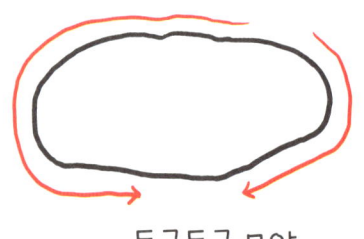
둥글둥글 모양

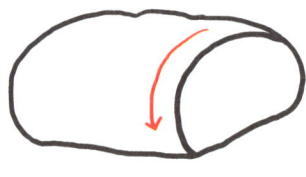

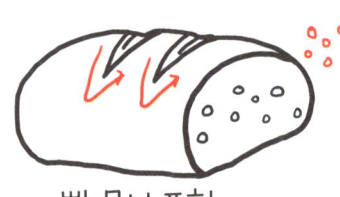
빵 무늬 표현

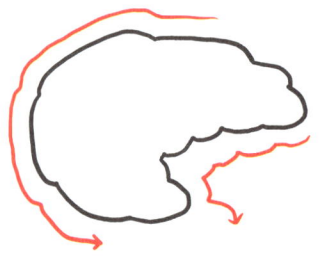

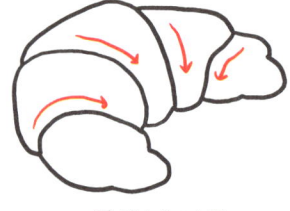
둥근선 안쪽으로

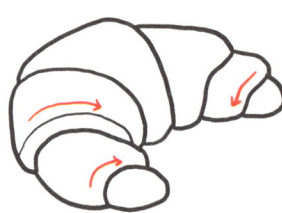

샌드위치와 피자

난이도 : 중

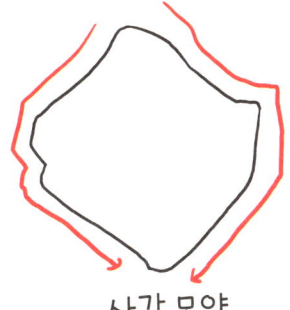
사각 모양

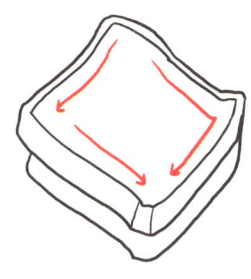

야채, 패티 표현

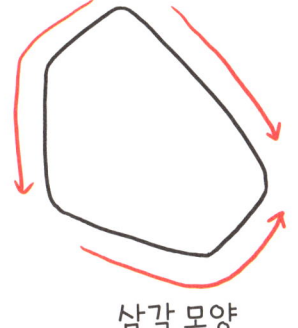
삼각 모양

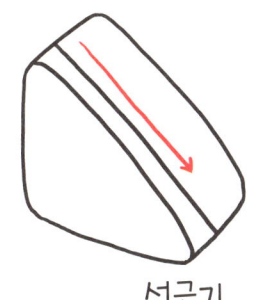
선긋기

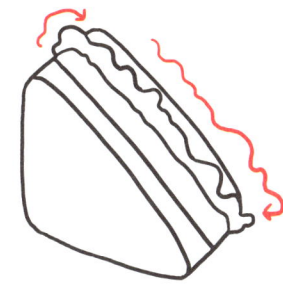

삼각 모양

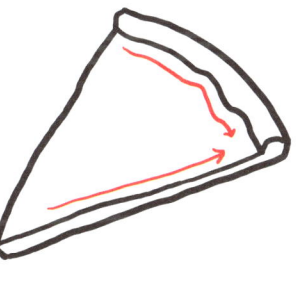

각종 재료 표현

둥근 모양

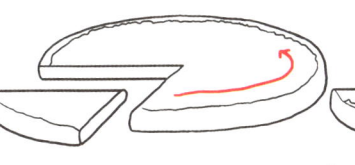

한 조각 표현

치킨과 핫도그

난이도 : 하

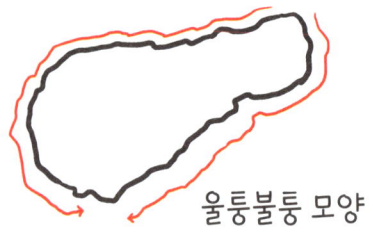
울퉁불퉁 모양

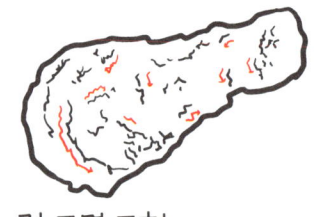
겉 표면 표현

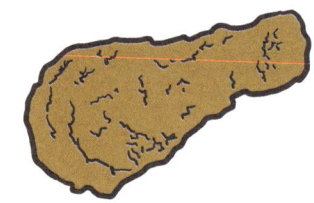

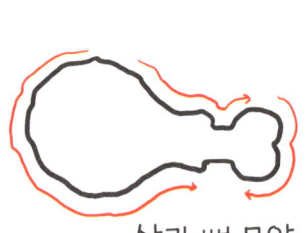
살과 뼈 모양

하나 더

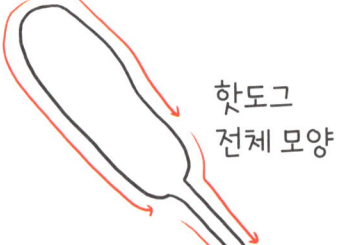
핫도그 전체 모양

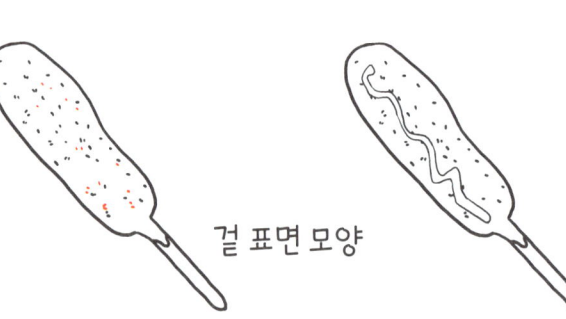
겉 표면 모양

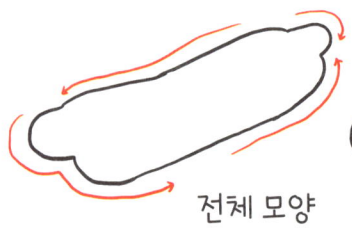
전체 모양

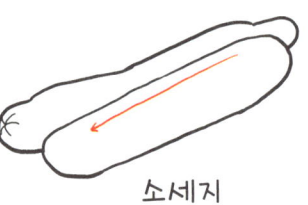
소세지

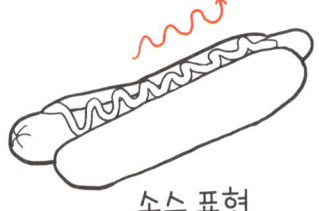
소스 표현

94

라면과 우유, 탄산음료

난이도 : 중

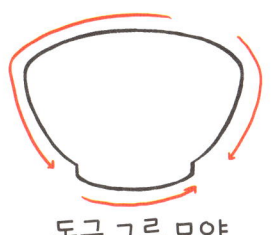
동근 그릇 모양

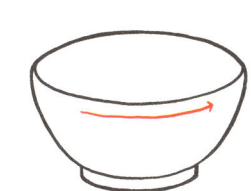

그릇 속 재료 표현

긴 면발 표현

젓가락

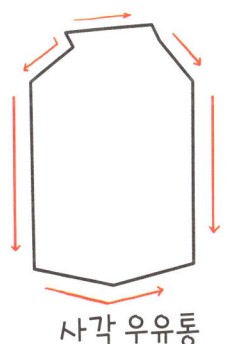
사각 우유통

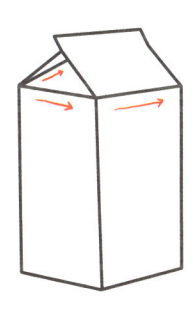

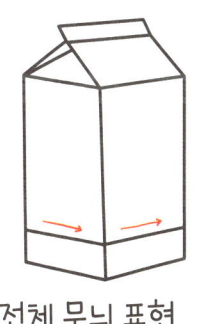
전체 무늬 표현

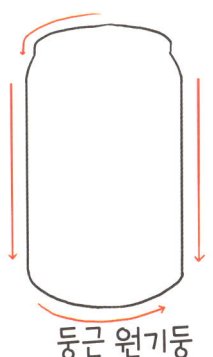
둥근 원기둥

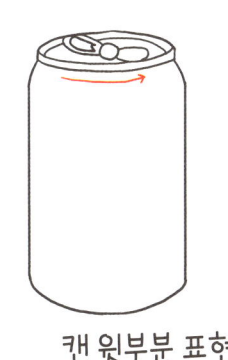
캔 윗부분 표현

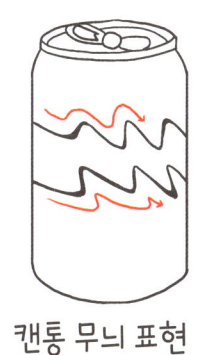
캔통 무늬 표현

95